Conociendo Bitcoin III

La filosofía del ahorro con bitcoin

I0477361

Nelson Cardozo

Conociendo Bitcoin III

La filosofía del ahorro con bitcoin

Nelson Cardozo

ISBN 9798300395230

Leanpub

Este es un libro de Leanpub. Leanpub empodera a autores y editores con el proceso de Lean Publishing. Lean Publishing es el acto de publicar un libro electrónico en progreso utilizando herramientas ligeras y múltiples iteraciones para obtener retroalimentación de los lectores, pivotar hasta tener el libro correcto y generar tracción una vez logrado.

The author generated this text in part with GPT-3, OpenAI's large-scale language-generation model. Upon generating draft language, the author reviewed, edited, and revised the language to their own liking and takes ultimate responsibility for the content of this publication.

¡Tuitea Este Libro!

¡Ayuda a Nelson Cardozo difundiendo la palabra sobre este libro en Twitter!

El tuit sugerido para este libro es:

¡Acabo de comprar "Conociendo Bitcoin III"! Listo para aprender más sobre Bitcoin y estrategias de inversión. 📚🚀 ¡Adquiere el tuyo!

El hashtag sugerido para este libro es #ConociendoBitcoin.

Descubre lo que otras personas están diciendo sobre el libro haciendo clic en este enlace para buscar este hashtag en Twitter:

#ConociendoBitcoin

Tengo una montaña de agradecimientos a todos quienes me impulsaron a seguir escribiendo. A Norma, que estás todos los días escribiendo en mi mente pensamientos positivos que me ayudan en el día a día. A Kenny por su invaluable apoyo y consejos cuando lo necesito. A un montón de extraños en el internet, quienes leen este libro y me inspiran a seguir escribiendo. Gracias.

También de Nelson Cardozo

Índice general

Introducción

La trilogía termina

Publicado originalmente en mayo del 2024 en Stacker News[1]

Las ideas son una cosa absolutamente locas. Buscan posarse sobre vos e intentan consumir alimento de tu cuerpo para luego continuar a su ritmo. En este mundo, yo intento atrapar una idea y pegarla con carbón trabajado en un papel o en bytes digitalizados, guardados y expandidos a miles de personas. El fin es el mismo.

Solo que a veces, las moscas son más rápidas o para atraparlas requerís de otros instrumentos alternos a tus manos. Incluso muchas veces nosotros espantamos a las ideas, aludiendo que son malas, molestan o de repente ya hay muchas alrededor nuestra y nos sentimos agobiados.

Para evitar esto, mi atrapa-moscas favorito es la escritura, para otros hacer un podcast, algunos escribir buen código y convertirlo

---

[1] https://stacker.news/items/554268

en un autómata que probablemente, o no, el día de mañana nos cambie nuestra vida. Cuando empecé a digitalizar mis pensamientos [2], fue desde aquel momento que desee hacer un libro pero no para ustedes, el público. Fue para mí, por que quería escribir un libro. No es una cuestión de ego, no fue un asunto de vivir o morir, por lo que eso se postergó por mucho tiempo.

Y luego llegó bitcoin

Siempre comento mi experiencia. Yo nunca tuve intenciones de escribir contenidos sobre bitcoin pero la vida me empujó. Unos amigos en una facultad me invitan a escribir sobre temas económicos y acepto la invitación. La profesora me incentiva a escribir algo novedoso así que escribo sobre el tema que en aquel momento me apasionaba: **bitcoin**.

Tuvo un efecto que yo no esperé. Primero que nada, se publica el artículo2[3]. A nada de ello, me llaman de un medio importante de mi país pidiéndome permiso para publicar sobre mi artículo, les digo que sí[4]. Y fue ahí, ese momento, donde dije sí pero no calculé todo lo que más adelante vendría.

Me invitaron a radio, televisión, medios escritos[5], medios digitales[6], academia[7], arrastrando la curiosidad de las personas hacia lugares correctos[8] y por supuesto, el precio, el bendito precio[9]...en plena pandemia tenía una columna sobre tecnología[10] en uno de los

---

[2]Empecé por el año 2009 pero ayudé a una amiga en su proyecto allá por el año 2011, donde recibí una atención inesperada de muchas personas que me decían que les interesaba lo que escribía. Eso fue un sentimiento nuevo

[3]https://stacker.news/items/554268#itemfn-554268-fn-2

[4]https://www.abc.com.py/edicion-impresa/suplementos/economico/bitcoin-observan-que-existe-una-disminucion-de-especulaciones-1325306.html

[5]https://www.abc.com.py/edicion-impresa/ciencia-y-tecnologia/paraguayos-usan-bitcoins-para-realizar-compras-online-1471950.html

[6]https://cienciasdelsur.com/2017/05/31/bitcoin-en-sudamerica-peligro-censura-estatal/

[7]https://www.facebook.com/watch/live/?ref=watch_permalink&v=2512110525762445

[8]https://www.abc.com.py/edicion-impresa/economia/usuarios-admiten-volatilidad-del-bitcoin-pero-creen-que-precio-se-va-a-recuperar-1673604.html

[9]https://www.abc.com.py/edicion-impresa/economia/el-bitcoin-toma-nuevo-impulso-tras-llegar-a-su-precio-maximo-este-mes-1604582.html

[10]https://www.facebook.com/watch/?v=220956096854024

medios mejor posicionados de mi país.

Ahí fue cuando vi que ya no me daban los dedos así que para seguir esos acontecimientos de cerca, dediqué varios posts a bitcoin en varios sitios, incluyendo Medium y últimamente en los últimos cuatro años en Substack, en el cual me siento relativamente cómodo haciendolo[11]. Al ver que yo avanzaba en esta dirección opinando sobre cosas, había personas que me seguían preguntando sobre aspectos básicos y demás...hasta que no pude más.

Llegó el tiempo

En 2022, en un arranque de ira, enojo y mucha impotencia por los acontecimientos ocurrentes en el mundo, bitcoin estaba bajo ataque (otra vez) pero esta vez era la ignorancia supina a la cual yo decía que las personas ajenas a nuestro sistema "B" eran los responsables. Descubrí que estaba equivocado. Esas personas al igual que yo, solo buscaban información y yo tenía información, a lo que entonces procedí a compilar entre los cientos de artículos que tengo y escribí no solo en Medium sino en Quora, Reddit y solo Dios sabe en cuantos sitios más.

Nace Conociendo Bitcoin, Parte I, primero en Amazon[12] y luego en Leanpub[13]

Fue mi pensamiento *listo manito, ahí tienes las respuestas que te están inquietando y las que más me preguntan, así que espero haberte ayudado.* Me dicen que lo hice pero ahora volvieron con más preguntas: ¿tienes algo básico? ¿tienes algo más aterrizado a lo que es nuestra necesidad de conocer bitcoin? Entonces, volviendo a releer, vi lo rústico que fue el libro y como atiende a las principales necesidades de aquellas preguntas que salían en aquel entonces pero ahora había nuevas preguntas.

---

[11]https://stacker.news/items/554268#itemfn-554268-fn-3
[12]https://www.amazon.com/Conociendo-Bitcoin-Colecci%C3%B3n-art%C3%ADculos-respuestas-ebook/dp/B09XBTPQWD?ref_=ast_author_dp
[13]https://leanpub.com/conociendo-bitcoin

Nace Conociendo Bitcoin, Parte II, primero en Amazon[14] y luego en Leanpub[15]

Ahora sí, *gente hermosa, ya tienen sus respuestas saldadas y ya saben como funciona bitcoin, tienen una guía, vayan y leanlo.*

El problema ahora era que mucha gente no tiene acceso a cuentas bancarias, no tienen tarjeta de crédito y por lo tanto no tienen manera de adquirir el libro. Ahí es donde LeanPub entra y donde pueden adquirir el libro de manera gratuita.

Y no fue suficiente

Hoy día, hay un debate gigante sobre bitcoin, donde ir, que hacer, que no hacer y un montón de cuestionamientos así como planteamientos que debemos hacernos nosotros como comunidad. En un principio, este libro iba a ir directamente al inglés pero tenía razón el usuario que inspiró lo que diré a continuación, la única manera de crecer no es aislarnos sino que escribir en varios territorios[16] y en el idioma que conozco.

La necesidad de contenido es real, el ruido es demasiado y hoy tengo nuevas anotaciones que voy a mostrarlo. Así que, oficialmente tengo un plan.

Libro I y la culminación es el Libro III

Zima Blue[17] es uno de los más hermosos episodios que vi en Love, Death and Robots y trata (sin spoiler) la historia de un artista que busca conocerse a sí mismo mediante el arte. En mi caso, me conocí en un blog y soy lo que los millennials llaman un *bloggero*, por lo que mis libros y escritos nacen en esta clase de sitios, solo que

---

[14] https://www.amazon.com/Conociendo-Bitcoin-II-Or%C3%ADgenes-bitcoin/dp/B0BW3 5YCZH/ref=tmm_pap_swatch_0?_encoding=UTF8&qid=&sr=

[15] https://leanpub.com/conociendo-bitcoin-2

[16] https://stacker.news/items/554121

[17] https://www.imdb.com/title/tt9788510/

no estamos en uno cualquiera sino que en uno que estimo mucho: **Stacker News**.

He leído hermosas historias en este sitio y buenas novelas, así que en este aporte de mi tercer libro y lo que debo aportar al debate irá en **capítulos con forma de posts**. ¿La razón? Estará siempre aquí, estará en NOSTR y por último, para aquellos que lo deseen, podrán esperar y ver un compilado completo de todo lo que me queda por decir sobre bitcoin. En los próximos posts, iré anunciando a Conociendo Bitcoin, Parte III donde el hospital que nace se llama Stacker News, el partero es @k00b[18] y...veamos que sale.

En los anteriores, he explayado sobre preguntas de bitcoin y la naturaleza de la misma. En esta última entrega de esta trilogía, exploramos su impacto en nuestras vidas. Bitcoin ha marcado muchas vidas (incluyendo la mía) y nos ha enseñado muchas cosas, desde arte y psicología hasta ingeniería mecánica. A continuación, presentaré este en partes, la que considero yo, es la mejor manera de usar el protocolo que Satoshi Nakamoto inició: ahorrando pero te explicaré por que hacerlo.

---

[18]https://stacker.news/k00b

PARTE I

Lo que empezó en un foro de intercambios de correos entre criptográfos, rápidamente evolucionó en la última decada como un instrumento en el cual incluso inversionistas institucionales han echado un ojo. Si bien es cierto que existe hasta el día de hoy cierta reticiencia a usar cualesquiera sean de las monedas, es un hecho que bitcoin hoy representa un activo financiero tan valuable que hizo de Microstrategy una de las empresas mejor cotizadas de la historia del siglo XXI.

Aún hay mucho por escribir, así que este ensayo se enfocará plenamente en ofrecer una explicación economica sobre bitcoin y sus propiedades desde la perspectiva economica.

¿Que es bitcoin?

Para nuestra conceptualización, bitcoin es una moneda descentralizada, o sea, un *activo digital* que está fuera del control de entidades tercerizadas, llamense estos bancos, gobiernos, fundaciones, financieras u otros tipos de entidades para la emisión y control.

Las monedas fiduciarias (*fiat*) son emitidas por los bancos centrales y se los administran mediante una serie de herramientas denominadas políticas monetarias. Las dos más conocidas son la Reserva Federal, encargada de mantener la estabilidad del dolar de los Estados Unidos (USD) y el Banco Central Europeo que vela por el Euro (EUR)

Bitcoin utiliza una tecnología llamada *timestamp*, denominado así por su(s) creador(es) y que adquirió el nombre popular de cadena de bloques o *blockchain*. Esta cadena actua como si fuera un libro de contabilidad enorme, transparente y auditable por cualquier personas que recogen y registran todas las transacciones de manera completamente segura.

Financieramente hablando, bitcoin se lo considera como un activo especulativo pero también como reserva de valor, dependiendo a quien le preguntes. Esto se da debido a su naturaleza inherente al mercado de la oferta y demanda, cuya característica principal es su limitada cantidad circulante: habrá en circulación (y por protocolo) un total de 21.000.000 de bitcoins, divisible en ocho partes donde la unidad máxima es 1 bitcoin y la unidad mínima es 0.00000001 satoshi (1 satoshi)

A diferencia de otras monedas tradicionales, en cuyas políticas monetarias puede dictarse un aumento de la cantidad de monedas circulantes mediante decretos (de ahí el nombre de fiat), bitcoin creo un efecto de deflación, es decir, está programado para existir solamente Y SOLAMENTE 21.000.000 de monedas, nada más. Esta escasez generada por código es lo que hace atractivo a muchas personas que deseen aprovechar a fin de preservar su poder adquisitivo a largo plazo.

El valor del bitcoin no está ligado a ningún tipo de política monetaria de ningún banco central o banco privado o gobiernos sino por el mercado global de sus propios usuarios, quienes comercian y dan valor a este activo digital.

No significa que sea ajeno a los efectos de la economía mundial, significa que, al presentarse como un dinero digital nuevo, pretende ser una alternativa saludable a la devaluación de la oferta monetaria existente al día de hoy. De hecho, su limitación ha llevado a muchas personas a presentar esta moneda como una nueva forma de *oro digital.*

Bitcoin y mis ahorrros

Centremos la atención nuestra en el ahorro. Bitcoin ha ganado popularidad como una alternativa al ahorro e inversión. Si bien las herramientas de inversión son muchísimas y deberíamos tratarlo como un caso aparte, podemos hablar del ahorro de las siguientes formas.

###Protección contra la inflación

Piensalo de esta forma, tienes 1.000.000 de—*tu moneda local, en mi caso*— guaraníes. Haz una retrospectiva rápida, ¿puedes comprar más cosas o menos cosas con ese mismo millon que hace 10 años? Probablemente sea menos al momento de leer esto. Eso es uno de los efectos de la inflación, que ocurre cuando el poder adquisitivo de una moneda disminuye, dado que hay un aumento de la oferta monetaria. Dicho más simple: hay más billetes que bienes y servicios; los bancos centrales siempre tendrán la capacidad de producir más dinero para cumplir sus objetivos trazados en su política monetaria, como lo hicieron en el 2020–1, cuando en varios países se empezaron a imprimir más billetes a fin de ofrecer estímulos monetarios a las personas afectadas por la pandemia.

Los niveles de inflación alcanzaron niveles no vistos en años. ¿Quieres evitar esto? Usa bitcoin, su oferta es fija y no puede multiplicarse por que sí nada más o por decisión cerrada de un banco central. Al ser un activo global y escaso, puedes asegurarte de mantener tus ahorros en una forma de dinero dura e inmune a las decisiones políticas inflacionarias.

Descentralización

Las monedas fiat están controladas por instituciones financieras y bitcoin está siendo regido por las personas que corran nodos, permitiendo a cualquier persona con acceso a datos que sean dueñas de su dinero sin necesidad de confiar en intermediarios. Cada persona tiene acceso a una billetera (*wallet*) sin la necesidad de pedir permiso a nadie de usarlo. Esto es lo que se conoce como la *descentralización*.

Cuando los bancos empiezan a adoptar formas de regulación absurdas, requiriendo servicios de KYC/AML o mucha burocracia, no están ayudando a la población a acceder a su dinero. Bitcoin cambia la forma en que vemos esto y permite a cualquier persona acceder y proteger su dinero.

Accesibilidad global

¿Tienes conexión a datos? ¡Listo el pollo! Ya puedes usar bitcoin; para acceder a la cadena de bloques, lo único que debes correr es una *wallet* en tu dispositivo y ya. A diferencia de otros recursos como el oro, bitcoin es digital y puede ser transferido en cualquier parte del mundo. Esta parte es muy importante de comprender, dado que muchos inversionistas han mirado esta caracteristica y han llegado a la conclusión que bitcoin es una estrategia de ahorro e inversión para el mediano y largo plazo, donde el rendimiento es superior a otros activos.

Autonomía total a las finanzas tradicionales

Depreciación, flexibilidad cuantitativa, tasas de interés...varios son los elementos que hicieron del dolar y el euro, otroras monedas y valuartes internacionales, monedas con una alta tasa de inflación, lo cual ha llevado a los ciudadanos a perder el valor monetario de su dinero. Al reducir el valor, también se pierde el incentivo a ahorrar, dado que la inflación y las tasas de interés negativas terminan por comerse los ahorros de la gente. Es como querer ahorrar con hielo en medio del desierto donde hay solo una palmera para protegerse. Al no depender de ningún tipo de intermediario o tercero, bitcoin obedece estrictamente los mandamientos de la oferta y demanda, su valor no se ve afectado por las decisiones de ningún gobierno, lo cual le da la ventaja de ser un activo de ahorro en momentos de incertidumbre.

Aunque no está exenta de ningún tipo de riesgo, bitcoin se ha mostrado como una herramienta sólida ante los escenarios mundiales que ha tocado vivir. En un mundo donde las personas parecen estar "conformes" con los desempeños de los bancos centrales, bitcoin ofrece una forma alterna de resguardar valor y no solamente ya lo usan un grupito pequeño de persona, sino se ha convertido también en una herramienta potencial para instituciones que deseen sumarse a esta ola.

Ahora ya conoces a bitcoin, pasemos entonces a conversar directamente de la estrategia por excelencia para usarla: el *dollar-cost average.*

Antes de pasar...

El método en cuestión, lo elegí luego de haber practicado exitosamente esta estrategia en el periodo 2019-2021 y 2022-2023, así como otras estrategias que fui probando. De todas las cosas que intenté, es la que menos esfuerzo exige y donde exploraremos el DCA, viendo que necesitas dos cosas para proceder: un poco de capital y disciplina.

El dollar cost averaging

El dollar-cost averaging (DCA) es una estrategia que consiste en comprar un activo, stock, bono...lo que sea, en intervalos de tiempos regulares (diario, semanal, quincenal, mensual), sin tener en cuenta el precio en lo más mínimo. Muchas personas optan por comprar una gran cantidad de una vez y esta alternativa de estrategia te permite distribuir la inversión en un plazo de tiempo, donde incluso puedes comprar más bajo...o más alto.

El DCA más explicado

Supongamos que hiciste un plan y decides invertir $100 al mes, es decir, comprarás todos los meses durante un período de tiempo (supongamos 12 meses) por esa cantidad. A lo largo del tiempo, comprarás fracciones de bitcoin con precios altos y precios bastante...baratos. Al promediar tu compra, reducirás el impacto de la volatilidad de bitcoin y verás que has comprado bitcoin barato.

Para que el DCA funcione, la mejor jugada es pensar a largo plazo. Con una constancia de inversión, la estrategia reduce el riesgo de entrar al mercado de forma desfavorable y permite hacer compras en bajadas pronunciadas.

¿Y no es mejor hacer trading?

Hay una diferencia abismal entre el trading y el DCA. Y sí, intenté hacer trading, gané y perdí, me divertí (?) aprendiendo cosas sobre bitcoin y al final del día, decidí hacer DCA por los siguientes motivos.

Conocimientos

¿Tienes idea de como funcionan las velas japonesas, patrones de precios, índices RSI, seguimiento de cadenas, gap de precios, como encontrar picos y valles ascendentes para entrar? Si no sabes de lo que hablo, entonces es hora de que empieces a estudiar trading y le dediques tiempo así como dedicación para que puedas operar en el mercado. No estoy diciendo que no lo hagas, estoy comentándote que te tomará MUCHO tiempo.

¿Cuales son los requisitos del DCA? Saber donde comprar, donde guardar tus monedas, donde registrar. Listo. Independientemente de las condiciones del mercado, el DCA es la mejor estrategia para vos, que no tenes tiempo ni experiencia para estar haciendo análisis de mercado.

Pero Nelson, quiero hacer trading y me tomará tiempo pero quiero hacerlo. Ok, entonces, vamos por un punto intermedio: haz DCA, gana dinero mientras aprendes de trading, lo cual refuerza el siguiente punto.

Tiempo y esfuerzo

Hay dos cosas finitas en este mundo: tiempo y bitcoins. El trader promedio necesita estar atento a las noticias, de los cambios del mercado, buscar las mejores herramientas para tomar decisiones, monitorear los cambios de precios e intereses abiertos en el mercado...usualmente todo lo comentado genera un estrés muy grande en la mayoría de las personas. Y esto también se debe a una cosa más: el trading es un trabajo.

Ser trader debe considerarse una profesión. Hacer DCA no es una profesión, es una actividad de esfuerzo mínimo que no requiere de monitoreos. Lo único que te tomará tiempo es decidir es tu periodicidad de compra, cuanto compraras, donde guardaras y donde anotarás. El resto, será una actividad tan repetitiva que se convertirá en un hábito.

Olvídate de analizar velas, mínimos, máximos, ratios, soportes, resistencias...Es comprar y a otra cosa mariposa.

Como aplicar el DCA

Se resume en cuatro pasos:

1. Definir presupuesto: ¿Cuanto dinero quieres invertir? La magia de bitcoin es que puede ser fraccionado hasta en ocho dígitos, puedes comprar simplemente una parte. Puede ir desde $10, 100$, ¿$1000? Lo que te alcance y que no afecte tu desarrollo presupuestario mensual.
2. Donde comprar: Este es un ejercicio sumamente personal, así que aquí no puedo hacer galas de ningún tipo. Elige una plataforma de intercambio: puede ser un exchange, un cambista independiente, una plataforma para comprar con tarjeta de crédito, la que te quede mejor. Haz tus averiguaciones y establece cual es la mejor forma de hacerlo. Aquí nadie puede opinar sobre como lo debes hacer, excepto tú y tu comodidad.
3. Mantener estrategia: El DCA funciona a mediano y largo plazo, su objetivo principal es permitirte comprar sin tener en cuenta la fluctuación ni volatilidad que, a la larga, no se sentirá pues el precio promedio se equilibra en un punto.
4. Configurar compras automatizadas (opcional): ¿Dije en el punto dos que es tu decisión? Pues lo es. No obstante, sería irresponsable no informarte que al día de hoy, la mayoría de las plataformas de intercambio (tanto KYC como no-KYC) poseen algún tipo de configuración de compras automáticas.

Significa esto que, llegado a la fecha seleccionada por tu persona, se procede a comprar automáticamente sin necesidad de que intervengas. Este es un paso interesante que elimina de raíz la vocecita de *vamos a predecir el precio*.

Ventajas de usar el DCA para bitcoin

- El riesgo de volatidad se reduce: La evidencia de los años resuena cuando vemos que la volatilidad del bitcoin es mitigada al mínimo cuando usamos DCA, pues la distribución de compras en el tiempo nos permite promediar un precio de entrada racional y razonable, reduciendo el impacto de caídas súbitas.
- Implementarlo es horrorosamente fácil: Son tres pasos, cuatro si quieres automatizar y listo. Así de fácil como lo lees.
- Adaptación a cualquier presupuesto: Esta estrategia es para vos, pues es adaptable a montos pequeños como a montos siderales. Simplemente elige un monto e inicia.

¿Una estrategia infalible?

Absolutamente no. El DCA como estrategia de ahorro tiene desventajas claras, recordemos que bitcoin, como activo financiero, está en su infancia y hay que tener en cuenta lo siguiente antes de proceder.

Costos de transacción acumulados

Este fue un error (que yo cometí) y que es el más común de todos: el pago de las comisiones. Recuerda que, cualesquiera sea la plataforma que elegiste para tu estrategia, esta conlleva con comisiones de algún tipo que, si no lo tienes en cuenta o fallas en hacer una investigación diligente, puede afectar tus rendimientos, en especial si el monto que inviertes es pequeño y la tarifa de porcentaje representa algo significativo.

Ganancias no garantizadas

Recordemos que bitcoin usa la volatilidad como una herramienta esencial para el descubrimiento de precio y el DCA te ayuda a mitigar los tiesgos. Eso no significa que desaparecen. En el año 2022, bitcoin entró en periodo prolongado de declive (mercado bajista) en el cual el valor de la inversión disminuyó considerablemente, al punto que si hiciste ahorros entre 2021-22, tu oscilación de pérdida eran superiores al 50%; esto desalienta muchas veces a personas que quieren resultados a corto plazo, por lo que mantener tus ahorros, puede representar un desafío.

Menor rentabilidad

Es útil el DCA en mercados alcistas como en bajistas. En un mercado alcista sostenido, estás comprando rentabilidad alta. Con el DCA, terminas comprando a precios altos (tal vez demasiados), lo cual puede influir en tu rentabilidad general si no lo tienes en cuenta. No tener en consideración esto, puede reducir la rentabilidad en general. La balanza del DCA es favorable a tu dinero en términos numéricos. La descentralización, emisión limitada y adopción en curso, sin prisa ni pausa, ha hecho de bitcoin un vehículo muy interesante para la adopción comparando su desempeño con otros activos.

¿Entonces que consideramos?

El largo-placismo con bitcoin

¿Escuchaste alguna vez sobre la preferencia de tiempo? Es un término económico que, una vez que lo ubicas, se vuelve fundamental para comprender el valor de bitcoin a largo plazo y como este se posiciona para proteger tu dinero. Entonces, la preferencia de tiempo es el valor que le otorgamos HOY a algo en comparación con el valor futuro. Económicamente hablando, implica tu disposición a preferir bienes, servicios o productos inmediatos y satisfacciones futuras. Hay dos tipos de preferencias:

1. Preferencia de tiempo alta: Las personas que tienen preferencia alta tienden a satisfacer sus necesidades y deseos lo más rápido posible, incluso si eso significa sacrificar su propio futuro; este tipo de visión cortoplacista, suele reflejarse en las personas que quieren todo para ayer, la urgencia es alta y generalmente, no hay una disposición para ahorrar. Este perfil está generalmente arraigado en personas que hacen actividades de alto riesgo con su dinero o su vida.

2. Preferencia de tiempo baja: Las personas que tienen preferencias bajas valoran más los beneficios a largo plazo, son aquellos que sacrifican bienes, servicios y productos hoy por construir o acumular riquezas en el futuro. Usualmente, este prospecto esta arraigado en personas que usan el hábito del ahorro y planifican con años sus perspectivas tanto de vida como de sus finanzas. Se valoran oportunidades de inversión a lo largo del tiempo, incluso si en un período se manifiesta con posibles pérdidas.

¿Y bitcoin es...?

Bitcoin es preferencia baja por naturaleza, quienes disponen de algo en el futuro de bitcoin, usualmente terminan protegidos de la inflación, con retornos considerables y esto se debe a factores muy marcados como ser la oferta limitada de bitcoin, ya que de por sí, no habrá más de 21.000.000 de bitcoins y eso tiende a apreciarse en el tiempo si la demanda aumenta. En la preferencia baja, bitcoin se comporta en una curva creciente, haciéndolo tu moneda especial para protegerte contra la inflación, evitando que tus ahorros se derritan en monedas fiat.

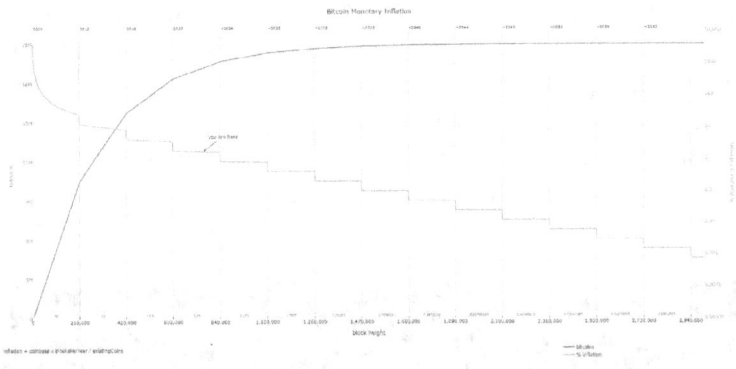

Otra cosa que consideramos es la completa independencia de los bancos centrales u otros organismos de control financiero, quienes han dictado las políticas monetarias fallidas de los últimos cincuenta años. Es cierto que podemos debatir si la inflación es multi-causal, sistémica y otros factores de donde o quien lo causa pero eso será para otro momento. Nos centramos en los efectos de la inflación y la preferencia baja, que mediante bitcoin, podemos protegernos de las devaluaciones, ya que puedo transferir mis bitcoins de una wallet a otra sin necesidad de intermediarios.

¿La razón más importante? Dejamos para el final pero es básicamente como se ha comportado bitcoin en los últimos diez años; aquí entra la famosa frase de *si hubiese comprado cuando bitcoin estaba a 1$,100$,1000$,10.000$...*las fluctuaciones de precios cortoplacistas es una barrera y solo anima a quienes tienen una preferencia de tiempo baja; mediante el DCA, bitcoin te lleva a la cima sin tener que preocuparte del día a día.

¿Hay evidencias de este largoplacismo? Hagamos en diferentes ventanas de tiempo donde esta preferencia de tiempo está a tu favor.

Ahorro a un año

Usualmente, bitcoin suele experimentar altibajos en un año y el precio muestra incrementos. En un período de menos de 12 meses, en el año 2020, bitcoin pasó de 7.000 USD a 29.000 USD, dado que en este tiempo, se asumen dos escenarios: el primero es la gran incertidumbre debido a los efectos de la pandemia del COVID19 y por otro lado, la elección de las instituciones por elegir a bitcoin como un vehículo para preservar el valor.

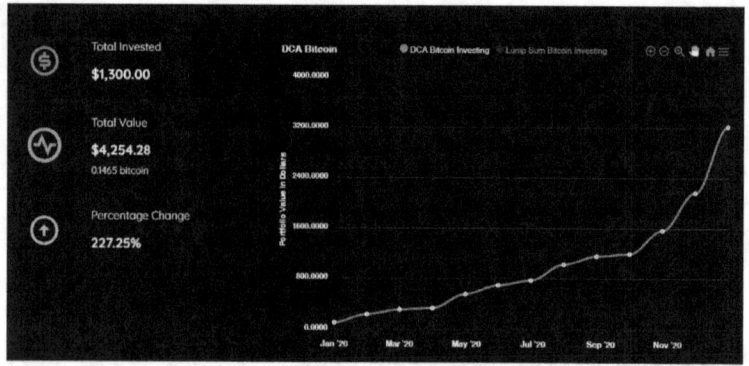

Ahorro a cinco años

En cinco años, la visión de bitcoin es clara como un amanecer. Entre 2016 y 2021, experimentamos un crecimiento que va desde ~400 USD hasta los 60.000 USD; en esta ventana, vemos que las personas que adquieren y mantienen experimentaron un crecimiento muy alto, teniendo en cuenta muchísimas fluctuaciones que se dieron en el mercado en este período.

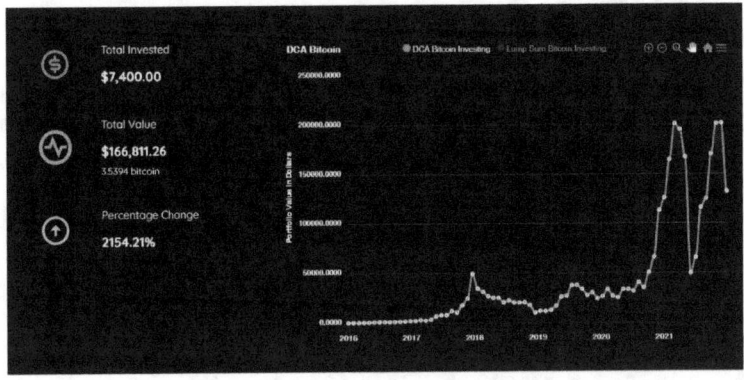

Ahorro a diez años

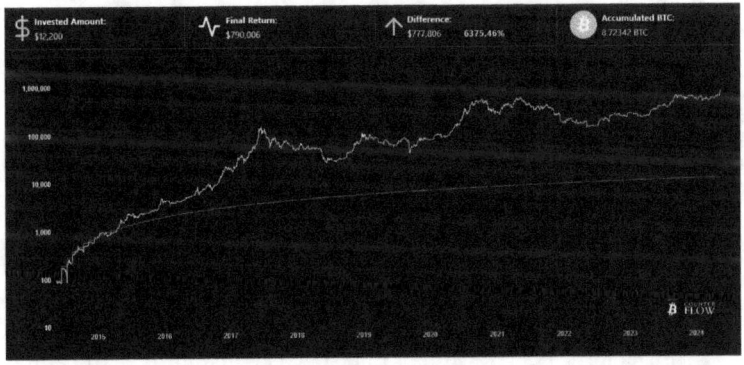

¿Necesito decir más? Durante diez años, incluso si pongo como punto de salida cuando bitcoin estaba a USD 10, bitcoin superó con creces a todos los activos tradicionales. Ahora ya sabes todo esto, la pregunta es: ¿y que pasa si quiero hacerlo con monedas más estables? Digo, el USD o el EUR son monedas las cuales puedo usar para ahorrar.

Hablemos mi querido lector. Hablemos del ahorro con monedas que no son bitcoin.

Primero y más importante, el ahorro es la manera más fácil de construir patrimonio. Es global, sólido y se puede usar en cualquier parte del mundo. Hay un detalle: en los últimos ~50 años, las monedas fiat han demostrado que no han podido responder con éxito a la inflación.

El ahorro *normal* (así dicen mis amigos no-coiners) es la acumulación de dinero en una cuenta bancaria, generalmente en una cuenta de ahorro a la vista, depósitos a plazo fijo o algún instrumento similar. Por consiguiente, los bancos suelen promover seguros de depósitos, porcentajes de ahorro entre otros incentivos para que estaciones tu dinero con ellos.

De hecho, las cuentas de ahorro te permiten generar un interés pero esto queda pisoteado cuando los bancos centrales suelen entrar con políticas de tasas de interés bajas para aumentar el estimulo de gasto y la inversión. ¿Traducido? No hay incentivos para ahorrar. Esto se traduce en tres desventajas que te hacen repensar tu acumulación de capital:

1. Bajos rendimientos: Las tasas de ahorros suelen ser menores que la tasa de inflación. ¿En cristiano? Tu saldo de ahorro debe crecer y si bien es cierto que crece, el valor real -lo que tu dinero puede comprar- disminuye con el tiempo. Por ejemplo: suponte que tu cuenta de ahorro te genera 1% anual pero la inflación es del 3% anual. En este caso, disminuyes tu capital al 2% anual o sea, si tienes 100$, en un año has perdido 2$ y así, un trocito a la vez, disminuye su valor.

2. Pierdes poder adquisitivo: Este es un efecto directo y lo sientes en el bolsillo, cuando tienes dinero pero no puedes comprar nada pues los precios suben y el dinero ahorrado pierde

poder de adquisición. Ese $1.000 que antes te bastaba para mantenerte un día entero, hoy apenas alcanza para moverte en el transporte. Los productos básicos y la energía subieron de forma significativa y el ahorro no alcanza a incentivar por lo que se insta más a invertir pero no ahorrar.

3. Políticas monetarias expansivas: en la jerga de los bancos centrales, aparece el *quantitative easing*, flexiblización cuantitativa que es cuando el banco inunda los mercados de grandes cantidades de dinero para estimulación de crecimiento. Es cierto que los efectos a corto plazo son evidentes. No obstante, las consecuencias se pagan a largo plazo, dado que al aumentar el dinero en circulación, pierde el valor de la demanda de la moneda. Por eso, ese ahorro que tienes en el banco siente como que si no usas o inviertes, desaparecerá del poco valor que tiene. Donde hay impresión de dinero, hay pocos incentivos para tener ahorros.

Ya entendí Nelson, pero no sabes la razón

No lo sé y de hecho hasta el día de hoy, los propios economistas afines o contrarios a las criptomonedas, siguen debatiendo las causas pero me quedo con una hipótesis simple: la inflación. En lugar de preservar el capital, las personas suelen invertir para que ofrezcan mayores rendimientos y esto viene con una consecuencia inmediata: las personas toman más riesgos, que se traduce directamente en como las personas están buscando nuevas profesiones: inversionistas (aunque no lo son), tasadores (aunque no lo son) y otros que, en lugar de centrarse en una profesión y sobresalir, ahora tienen que tener dos, una para generar y la otra para mantener, haciendo que tengamos cada vez menos tiempo y también menos recursos para enfrentar imprevistos y ni hablemos de planificar un futuro para nuestras familias.

El ahorro, que ofreció una herramienta segura a nuestros padres alguna vez para comprar sus terrenos y construir, hoy a nosotros ya no nos sirven. Hay dos opciones: abrazar el error evidente de seguir usando métodos tradicionales que no sirven, que están estudiados que perderán valor en el tiempo o usar una moneda fuerte y descentralizada, alejada de los caprichos de políticas monetarias que desincentivan el ahorro pero por sobre todo, una moneda que esta a tu alcance y lo único que necesitas es abrir una wallet y empezar a cargar y usar.

PARTE II

Ya sabemos que bitcoin funciona, ya sabemos que el ahorro con bitcoin es una de las mejores opciones (sino la mejor opción) a fin de proteger aquello que tiene valor frente a la hidra de la inflación y devaluación. Ya lo decía el tío a Peter Parker: *todo poder conlleva una responsabilidad*, bitcoin no es diferente en eso, dado que estás recuperando el poder que siempre fue tuyo.

¿Qué pasa cuando el superheroe no sabe administrar sus poderes? Termina herido, pues en este caso, tu no estarás herido pero te ahorrarás un gran dolor de cabeza cuando sepas administrar tus bitcoins y puedas también comprar de manera segura.

Compra-venta con bitcoin

La cosa es así: no siempre tuvimos exchanges. Satoshi lanza el software el 3 de enero del 2009 y no hay una sola documentación que indique que, en aquellos días, había algo relacionado al precio. El 09 de octubre del año 2009 cuando Sirius (Martti Malmi), uno de los primeros desarrolladores de bitcoin vendió 5.050 BTC por 5.02 USD. ¿El precio para entonces?[1] 0.0009 USD por cada bitcoin; el mercado había nacido.

En los primeros tiempos, usábamos generalmente Bitcointalk como el principal foro de discusión pero también de intercambios. Teníamos (y tenemos) sub-foros en ello dedicados al p2p donde la gente intercambiaba bitcoin por bienes, servicios, prestamos,

---

[1] https://www.forbes.com/advisor/in/investing/cryptocurrency/bitcoin-price-history-chart/

otras monedas. A medida fue creciendo el interés, empezaron a nacer las primeras plataformas de comercio peer-to-peer (P2P) que permitían intercambiar bitcoin por otras monedas de manera directa. La esencia principal en esto es que las personas realizan sus operaciones con muchísima flexibilidad y ligeros registros. Uno de los legendarios lugares para hacer esto fue localbitcoins, hoy ya extinto, que puso en práctica mecanismos de seguridad hoy completamente normales como sistema de reputación y depósito en garantía (escrow).

Con el paso del tiempo, empiezan a nacer los primeros exchanges que buscaban de algún modo más simple las operaciones de compra/venta. Mt. Gox fue el primero y que llegó a tener más de 60% del market share en aquellos días pero su modelo de seguridad probó ser desastroso y si a eso sumamos una completa falta de transaparencia, colapsa en el 2014, y lleva consigo 850.000 bitcoins de sus usuarios. Esto evidenció y fue una lección también para muchos usuarios que no habría de poner grandes cantidades de bitcoin en plataformas centralizadas.

Luego empezaron a venir otros exchanges: Poloniex, Bitfinex, Coinbase, Gemini, Kraken, Binance entre tantos otros que, mediante medidas de seguridad mejoradas, restricciones geográficas y mayor concentración de liquidez empezaron a operar buscando el mercado dejado por Mt. Gox; pero también motivó a otros jugadores a crear nuevos centros de operaciones como Paxful, Hodlhodl y a la par de exchanges centralizados, también descentralizados como BISQ, los cuales utilizan intercambios de monedas mediante medidas y protocolos avanzados, permitiendo sostener mayor privacidad en los usuarios.

Como verificar servicios P2P

Y ahora tenemos ya un servicio P2P servido alrededor del mundo, así que, ¿cómo puedes actuar de manera segura en estos? El comercio en sí es la manera más eficiente de conseguir tus primeros bitcoins pero debes tomar algunas precauciones:

1. Verificar la reputación de la otra persona: Binance P2P, Paxful, Hodlhodl y otras plataformas poseen un perfil de transacciones que debes verificar y muy importante revisar la puntuación de los usuarios. Es importante priorizar a quienes tienen historial sólido, sobre todo si son tus primeras compras.

2. Si hay escrow, mejor: Básicamente un escrow es servicio de depósito en garantía, es una herramienta para proteger a ambas partes, donde se retienen los bitcoins mientras se realiza el pago y solo es liberado cuando ambas partes confirman la transacción. No es obligatorio que tengan las plataformas pero es una medida de seguridad que puedes considerar.

3. Comunicación, comunicación, comunicación: Lee atentamente las instrucciones del vendedor/comprador y permanentemente haz conversación con la otra parte a fin de evitar cualquier tipo de inconveniente. De ser posible, evitar dar datos de tus mensajerías (WA, Telegram) ya que si mandas hacia afuera la conversación, la plataforma con la que estés operando, quizás no reconocerá esos mensajes si te pasa algo.

4. Estafadores hay, cuidado: Famoooso los perros te envían transacciones falsas, cuentas bancarias falsas, cuentas de terceros falsas, identidades falsas o se dice llamar Juan pero te pasa cuentas bancarias de María. Un ojo abierto es importante siempre tener en estos casos.

5. Verificar la plataforma: Si es tu primera vez, siempre prioriza a aquellos vendedores/compradores que tienen más operaciones realizadas y sean verificados por la comunidad/plataforma. No significa que evites a los otros, simplemente sugiero reducir los riesgos hasta que te sientas lo más cómodo posible en la plataforma.

Estamos listos una vez que tenemos nuestra platica, ahora toca depositar en nuestra wallet. Almacenarlo es la cosa más fácil y a la vez más dificil, dado que la perdida de acceso a esta suele ser, en la mayoría de los casos, irreversible de todas las formas.

¿Que es una wallet?

Una billetera digital o *wallet* es un software que te permite almacenar y gestionar tus bitcoins. Una cosa a tener en cuenta es que estas wallets, a diferencia de los bancos, no guarda los bitcoins físicamente hablando, sino que almacena las llaves privadas, las cuales necesitas para acceder y firmar tus transacciones de bitcoin. En la experiencia hasta el día de hoy, tenemos dos tipos de wallets:

- Billetera custodia: Una billetera custodia es aquella en la cual un tercero (institución o empresa) tiene el control de tus llaves privadas. Este tipo de billetera tiene como ventaja principal que son más fáciles de gestionar y la experiencia de usuario es mucho más amigable. El costo de esta comodidad es que ellos gestionan tus fondos y no tienes acceso, por lo que si la empresa/sitio tiene sufre algún tipo de revés como hackeo u orden de congelamiento por parte de alguna entidad, tus fondos se pierden.
- Billetera auto-custodiada: Este tipo de wallets (self-custodial) es cuando el usuario tiene control total de sus fondos. ¿Que implica esto? Que solamente vos tenes acceso a tus llaves privadas, por lo que si hay hackeos, allanamientos y otros, a vos no te importa y te la pela, pues tienes independencia absoluta de los acontecimientos. Pero la responsabilidad también viene de tu parte de gestionar correctamente tus fondos, dado que si los pierdes, ya no podrás recuperarlo y se perderán para siempre.

Los exchanges no son wallets

Aquí un punto importante a destacar y es que las **exchanges no son wallets**. Es cierto que al iniciar sesión, los exchanges te dan una address en la cual depositar, retirar y gestionar tus fondos. Estos sitios no están diseñados para que guardes grandes cantidades a largo plazo y de hecho, los responsables del mismo te advertirán que mantendrán seguro tus fondos y al mismo tiempo te informarán sobre el riesgo considerable de hackeos (legales e ilegales) que pueden tener.

Cómo crear una wallet de auto-custodia: Paso a paso con BlueWallet

Para este punto, y habiendo estudiado las diferentes billeteras, vamos a seleccionar a BlueWallet, ya que esta es una opción popular para quienes buscan una wallet de auto-custodia sencilla y segura.

1. **Descargar la aplicación**: BlueWallet está disponible en las tiendas de aplicaciones de iOS y Android. Descarga la aplicación y ábrela.
2. **Crear una nueva wallet**: Al abrir la aplicación, selecciona la opción de crear una nueva wallet. BlueWallet te dará la opción de nombrarla según tu preferencia.
3. **Guardar la frase de recuperación (seed phrase)**: La aplicación generará una **frase de recuperación** de 12 o 24 palabras. Esta frase es esencial para recuperar tus fondos en caso de perder acceso a tu dispositivo. Escríbela en un lugar seguro, preferiblemente fuera de línea, y nunca la compartas con nadie.
4. **Verificar la frase de recuperación**: La aplicación puede pedirte que verifiques la frase de recuperación para asegurarse de que la hayas anotado correctamente. Este paso es crucial para evitar errores.
5. **Configurar un PIN o contraseña**: Para proteger el acceso a la wallet desde el dispositivo, configura un PIN o una

contraseña. Esto añade una capa adicional de seguridad en caso de que tu teléfono sea robado o perdido.

6. **Realizar una transacción de prueba**: Una vez creada la wallet, es recomendable hacer una transacción de prueba con una pequeña cantidad de Bitcoin para familiarizarte con el proceso de envío y recepción.

Los riesgos que corres

Además de lo mencionado anteriormente, tener una wallet implica también protegerse de amenazas externas como ser:

- Ataques de phishing: El phishing es una técnica que busca sacarte información sensible o frases de seguridad mediante correos falsos, sitios web alterados o llamadas fraudulentas. Recuerda siempre esto: NADIE, NADIE, NADIE te pedirá jamás tus llaves privadas. ¿Quién? NADIE.
- Vulnerabilidades: Considera que las billeteras son softwares y hardwares los cuales pueden tener fallas o si tienes uno físico, podrías haber comprado alguno adulterado o que no sea de los proveedores oficiales.

¿Que wallet elegir?

Supondré que en muchos casos no querrás utilizar las recomendadas aquí, pues para ser resumidos, sea la que elijas, debe darte los siguientes items:

- Debes ser capaz de tener una herramienta adecuada a tí
- Debes poder dormir tranquilo sin preocuparte o mirar por encima de tus hombros
- Debes ser capaz de tener algo adecuado a vos.

Si eso implica tener custodio, hazlo. Si no, lo mismo. Más arriba están hechas las advertencias de cada caso, así que toca elegir la que se adecue a vos.

Ahora bien, ¿que pasa cuando bitcoin se va de mambo? ¿Tenemos alternativas? Como herramienta de ahorro, no está en debate. ¿Que alternativas tenemos cuando la red está sofocada y queremos seguir con nuestros ahorros? Entonces, entran dos tecnologías claves que permiten a los usuarios optimizar el uso de Bitcoin para pagos rápidos, automatización financiera y diversificación de ahorros: Lightning Network y Roostock.

Lightning Network

Lightning Network o LN es una tecnología de segunda capa que fue diseñada a fin de mejorar la escalabilidad de bitcoin, resolviendo uno de los grandes desafíos de la red: el costo y tiempo de confirmación en la cadena. Verás de tanto en tanto, bitcoin en su cadena suele tardar en confirmarse las transacciones por A o B motivo y eso deja a muchas transacciones fuera de juego. Aquí es donde LN entra y lo hace ideal para usos cotidianos y en casos de micro-pagos.

Funcionamiento

Lightning Network opera mediante un *canal de pago*, que sería una suerte de contrato inteligente entre partes que se registran en la blockchain para poder hacer transacciones. Dentro de este *canal*, los participantes realizan una cantidad ilimitada de transacciones fuera de la cadena de bloques, se los conoce como transacciones off-chain.

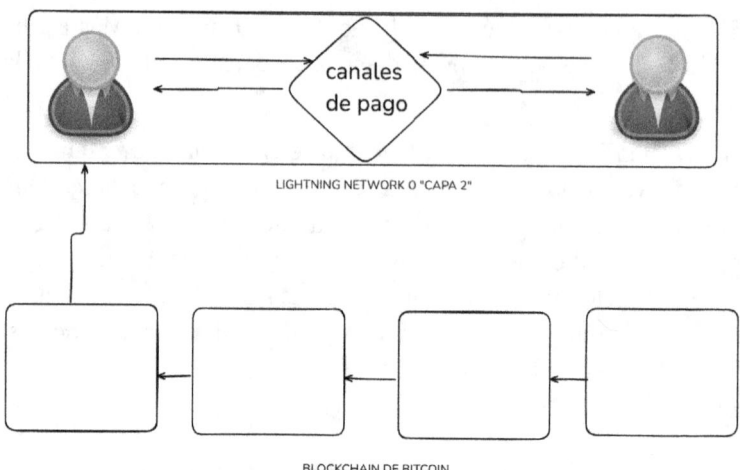

Estas transacciones hechas en LN no se transmiten a la cadena principal de bitcoin hasta que alguien cierre el canal, permitiendo disminuir la cantidad de transacciones en la blockchain y mantiene costos de envíos muy bajos. En algunos casos, hasta casi nulos.

¿En que momento usarlos?

- Micro-pagos: Gastos menores a USD 10.
- Transferencias rápidas: Enviar dinero rápido, sin importar la ubicación geográfica.
- Ahorros en transacciones: Se minimizan las tarifas de transacciones a casi menos de 0.01 USD.

Rootstock

Mientras LN brilla por su rapidez, viene otro proyecto a consolidarse como una alternativa para mover contratos inteligentes. Aqui entra Rootstock, considerada una sidechain de bitcoin. Esto significa que es una cadena de bloques separada de bitcoin pero está conectada TODAS sus acciones a la red principal. Esta acción permite utilizar los BTC como *rBTCs* (Rootstock Bitcoin), aprovechando la funcionalidad del contrato inteligente en el ecosistema.

Funcionamiento

Rootstock tiene un sistema llamado *pegging*, convierte tus bitcoins en rBTC (Rootstock Bitcoin). Esto significa que cuando los bitcoins lo *bloqueamos* en el contrato de Roostock, este convierte esa cantidad equivalente para la red y nos permite usarlo en todas sus aplicaciones descentralizadas (dApps). En esencia, Rootstock es una computadora virtual similar a Ethereum pero con soluciones basadas en bitcoin como base.

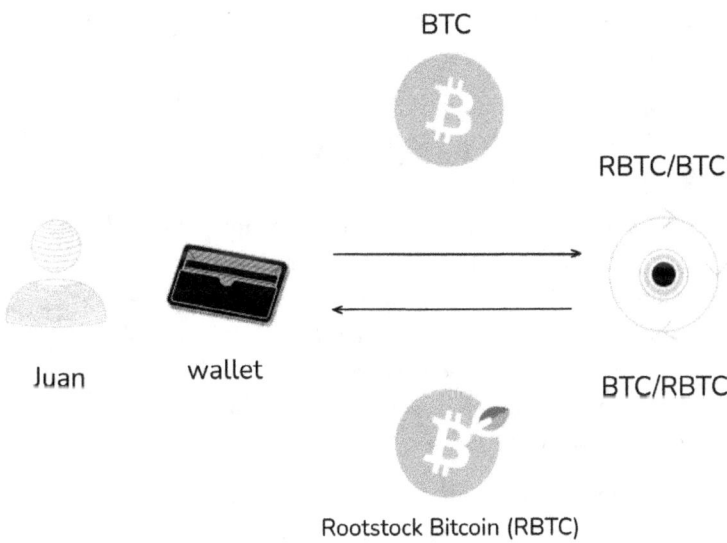

Rootstock Bitcoin (RBTC)

¿En que momentos usarlos?

- Automatización: Configurar contratos inteligentes que permitan pagos programados.
- Ahorro diversificado: Rootstock no solo te permite ahorrar, te permite tener *stablecoins* denominadas DoC o *Dollar-on-chain*, basado en su propio ecosistema.
- Inversiones: Para aquellos que no solo quieren ahorrar, Roostock ofrece aplicaciones descentralizadas que generan retornos basados en contratos inteligentes.

Dollar-on-Chain

El DoC es una moneda estable que utiliza a bitcoin como colateral. Este sistema garantiza que incluso cuando bitcoin haga lo suyo con la volatilidad, los DoC mantengan su valor en USD, brindando a los usuarios otra opción para proteger sus ahorros.

¿LN o Rootstock?

Aunque ambas tecnologías están diseñadas para mejorar la experiencia del usuario en el ecosistema Bitcoin, tienen enfoques y objetivos diferentes. Lightning Network se centra en la **escalabilidad y velocidad**, ofreciendo una solución práctica para pagos cotidianos y micropagos. Por otro lado, Rootstock expande las capacidades de Bitcoin al introducir **contratos inteligentes** y un ecosistema diversificado de ahorro e inversión.

Para los ahorradores, Lightning Network es una herramienta ideal para maximizar la eficiencia en transacciones diarias, mientras que Rootstock es una opción más adecuada para quienes buscan diversificar y explorar nuevas formas de generar ingresos pasivos o gestionar sus ahorros de manera más sofisticada. Ambas se complementan, así que debes considerar como integrarlas y cual es el norte al que apuntas.

Seguimiento del DCA

La simplicidad del DCA puede complicarse si no se utilizan herramientas de monitoreo adecuada. Generalmente, existen aplicaciones y métodos que facilitan el proceso. Para no hacer nada estrafalario, examinemos como podemos comprar y al mismo tiempo mantener la documentación adecuada de nuestra estrategia.

Simplificando el DCA

El mercado de criptomonedas en general es volátil, lo que hace el DCA es reducir estos picos de altibajos, permitiéndote hacer compras en ciclos de bajas y altas, promediando tus compras a tu favor, reduciendo el estrés y el *timing* para poder entrar al mercado. Ya hemos visto en la sección anterior como simplificar nuestro proceso estableciendo un monto y eligiendo la plataforma. Una vez hecho la estrategia, podemos hacer dos caminos principales para la documentación correspondiente:

Excel, la vieja confiable o Coingecko, automatización al toque

Un hechizo simple pero inquebrantable. Así podriamos definir a Excel, una manera sencilla de llevar las cuentas de las compras de bitcoin. Parece hasta primitivo usarlo, sin embargo, debes considerar la personalización que te permite hacer, agregando tantos detalles como desees. Los datos principales que deberá tener tu herramienta es:

1. Fecha
2. Inversión (en USD)
3. Precio de bitcoin (al momento de la compra)
4. Cantidad comprada (BTC)
5. Total invertido
6. Total de BTC acumulado

MES	FECHA	INVERSION	DOLAR	CANTIDAD	CRIPTO	PLATAFORMA	PRECIO GF	PROFIT USD	PROFIT %	¿Gano o pierdo?	OBSERVACION

Puedes agregar más detalles, como los fees enviados de btc, los fees
de la plataforma que usaste o los fees bancarios, dependerá del valor
que quieras calcular.

Ventajas rápidas

- Es tu hoja, es tu formato, control total sobre los datos
- Personalización de datos y análisis
- No hay terceros necesarios para hacer actualizaciones, es
  tuyo.

Desventajas

- Tediosamente manual
- Mayor riesgo de que yerres un número

Ahora, sé que no todos son fans de poner todo en manual por lo que
CoinGecko es una excelente opción. CoinGecko no solo te permite
seguir el precio de Bitcoin en tiempo real, sino que también ofrece
la posibilidad de crear tu propia **cuenta de cartera** en la que puedes
registrar tus compras.

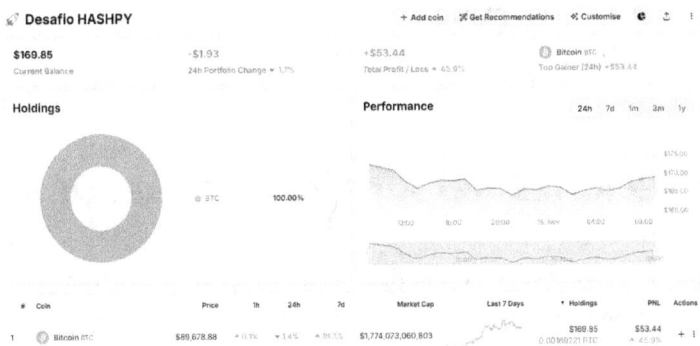

1. **Crear una cuenta**: Visita el sitio web de CoinGecko y regístrate con tu correo electrónico. El proceso es gratuito y sencillo.

2. **Crear una cartera**: Una vez dentro, dirígete a la sección de "Portfolio" (Cartera). Aquí puedes añadir tus transacciones manualmente, ingresando la cantidad de Bitcoin que compraste, el precio al que lo adquiriste, y la fecha de la transacción.

3. **Monitoreo automático**: Una vez que hayas agregado tus transacciones, CoinGecko actualiza automáticamente el valor de tu cartera con base en el precio actual de Bitcoin. Esto facilita el seguimiento de tu inversión y te ofrece una visión clara de cómo está rindiendo tu estrategia DCA.

Ventajas de usar CoinGecko:

- Actualización automática del valor de tu cartera.
- Acceso desde cualquier dispositivo con conexión a internet.
- Permite seguimiento de múltiples criptomonedas en un solo lugar.

Desventajas:

- Dependes de un tercero para almacenar tus datos.
- No es tan personalizable como Excel.

Lecciones personales sobre el DCA

Habiéndolo hecho por cerca de 5 años consecutivos, aquí algunas lecciones personales para vos:

1. Automatización de compras: Si usas un exchange centralizado, usalo al máximo y activa la automatización de las compras. Una vez que conectes a tu cuenta bancaria/tarjeta, empezarás a realizar compras en intervalos regulares sin que se requiera tu intervención de ninguna forma. Lo más importante de esto, es que al estar completamente operativo, eso de querer hacer trading con spot por que el mercado está en rojo o *timing* del mercado...se eliminan esas tentaciones.

2. Revisión periódica: La idea del DCA es minimizar la volatilidad y dejar la preocupación del precio. Ahora bien, como nadie tiene la varita mágica del precio, querrás revisar si tus objetivos están cumpliendo. Debes tener un calendario de monitoreo cada X tiempo, respetando siempre el objetivo final. Una revisión también te ayuda a tener un enfoque de estrategia a largo plazo.

3. Usa alertas si ves cambios grandes: Supongamos que tienes ansiedad por el precio cuando estás haciendo tu plan. No hay problema con eso, ya que configurar alertas de precios hace que te de información sobre cambios significativos sobre los ciclos del mercado. Si hay cambios de estos tipos, puedes configurar estas opciones para tranquilidad tuya.

Ahorros, ¿solo con bitcoin?

En la edición número 162 de La Hora Cripto[2] había hablado de bitcoin como una forma de contemplación y aquí extenderé la explicación. Hemos de entender que el ahorro en sí es una no-actividad o inactividad, la cual el dinero queda estacionado, listo y presto para usarse en cualesquiera sean de sus casos. En la sección de Conociendo Bitcoin II vimos que las propiedades monetarias de bitcoin, entre las que tiene, se basa en que puede usarse como resguardo de valor, o sea, si yo guardo el día de hoy mis bitcoins hay una alta probabilidad de que dentro de cinco o diez años, mis bitcoins sigan ahí. Y esa es la magia que vimos en la sección anterior. Sin hacer absolutamente nada en cinco o diez años, creció.

Hay un error común en las teorías financieras de hoy de que el dinero debe moverse, este tipo de capitalismo pseudo-keynesiano que insta a las personas a estimular la economía mediante la inversión tiene por fin de que el dinero no pare, dado que, si dejas parado tu dinero, terminará por derretirse como hielo. Entonces, se ve a la inactividad como algo cancerígeno para la economía. ¿Cómo se soluciona? Poniendo en riesgo tu dinero, no hacerlo implica que la economía fiduciaria se estancará.

---

[2] https://lahoracripto.substack.com/p/la-hora-cripto-162-elogio-a-la-inactividad

Bitcoin no se mueve y cuida tus intereses

Justamente, de eso se tratan las monedas alternas a bitcoin, la mayoría de ellas, consisten en un mercado demasiado activo donde se crean todo tipo de activos todos los días y cada día hay una novedad que morirá en siete días o menos. O agarran proyectos estancados hace meses, le dan un poco de vida, lo hacen caminar para luego terminar de matarlo.

Para disfrazar esta suerte de casino mal desarrollado, le ponen una cuota de culto, mucho marketing y pseudo-análisis los cuales terminan siempre en la misma cosa: una timba estructurada en la cual, 99% de las ocasiones terminarás en la lona pero luego querrás nuevamente subirte en el tren de la manía pues estuviste cerca de hacerlo. Es la mimetización del sistema actual en cadena de bloques.

Por eso, el capitalismo de hoy no está hecho para bitcoin, pues bitcoin representa la esencia correcta del capitalismo: una moneda fuerte, resistente y que se atañe a las leyes de la oferta y demanda de un modo tan natural, que muchos economistas no terminan por entender, sacando las peores opiniones que leerás en tu vida.

Es tan feo el panorama que incluso crearon un sitio llamado *is bitcoin dead?[3]* en el cual se suben las noticias donde personalidades de la economía, finanzas, periodistas renombrados, académicos entre otros han anunciado que bitcoin está muerto. Para darte una idea, este contador ya lleva más de 100 *muertes* de bitcoin.

Bitcoin persigue la inactividad y la preferencia temporal baja. Tomamos una decisión correcta cada cierto tiempo sin perseguir a nadie. Bitcoin no persigue ningún fin especifico ni tiene la intención de guiarte en el laberinto de inversiones. Bitcoin es la salida del laberinto booleano en el cual no vale la pena invertir en nada más que bitcoin.

---

[3]https://99bitcoins.com/bitcoin-obituaries/

¿Para qué diversificar en proyectos que, desde el principio, suenan y se ven feos? ¿Ahi esta el mercado? Probablemente en el corto plazo y eso te dirá que aumentes tus actividades hoy para que puedas tener un retorno pronto. Lo que no te dicen es que bitcoin es una piedra que resiste a todo, sostiene tu crecimiento y evita que la inflación se robe tus ganancias.

Tomar solo bitcoin y no hacer nada es lo mejor que puedes hacer. Vos guardas tus llaves privadas, bitcoin se encargará de estar ahí para vos.

Top 10 errores al iniciar el DCA

A lo largo de estos años, habiendo hecho y siguiendo el camino del DCA, se cometen errores. No hay problema en cometerlos, el verdadero drama inicia cuando no quieres admitir que has caído en la desgracia de la negación, lo cual se traduce en pérdidas. El principal problema pasa por dos factores: el primero y más importante es tu mente, el mercado te mostrará oportunidades que debes aprender a decir NO y lo otro es cuando juegan con tus emociones, mostrándote expectativas que simplemente, no concuerdan.

Error 1: Esperar el mejor tiempo para comprar

Siempre se acercan a pedir consejo de *cuando es el mejor tiempo de comprar bitcoins* o *¿es este (fecha estándar) el mejor momento de comprar?*, a lo cual mi respuesta siempre es la misma: *no lo sé*. Hacer timing parece fácil pero es una jugada que deberías lograrlo mediante el tiempo y haciendo alguna táctica de trading. La mejor manera de evitar esto es...así mismo, haciendo ahorros programados o dollar-cost averaging con intervalos que te ayudan a manejar la volatilidad. ¿Estoy repitiendo por tercera vez esto? Probablemente, ¿estás aprendiendo que el DCA te permite concentrar tus ganancias a larga, favoreciendo tu tiempo? Si la respuesta a esto es sí, podemos continuar

Error 2: Poner tus satoshis en lugares que no te dejan dormir tranquilamente

El mantra correcto es poner tu dinero en un lugar, en el cual te vayas a dormir tranquilo y seguro, sin tener remordimientos de que puede pasar. Mi consejo no financiero en este punto es decirte que manejes tus llaves privadas con Bluewallet o alguna hardware wallet de tu preferencia, donde estos te permiten tener control total de tus fondos. Entiendo que no todos tienen esta visión, por lo que si estas tranquilo confiando en un exchange para mantener tus ganancias...así sea mi querido lector. El lugar correcto que no te quite el sueño es la meta.

Error 3: Ahorrar dinero que no es para ahorrar

Ahorrar con bitcoin no es diferente a ahorrar con dinero fiat. Cuando *ahorras* dinero que no es para ese propósito, estás apostando. Para evitar esto, debes tener una planificación correcta de cuanto dinero está destinado al ahorro, al mes, a todo. Mi táctica es poner 10% de los ingresos directo a ahorro, sin importar que tenga objetivo a largo plazo o no. La idea del ahorro, recordemos, es reducir la incertidumbre del futuro.

Error 4: Diversificar en casinos con forma de shitcoins

Creer que diversificando sacas mayor provecho es un error común, especialmente si no tienes experiencia haciendo diversificación. Este error generalmente sale cuando quieren aplicar reglas de inversión a reglas de ahorro con criptomonedas. Estos no son acciones que puedas diversificar, bitcoin es una piedra sólida y resistente a al censura, el resto son monedas memeticas que morirán mañana. Piensa a largo plazo, el hoy se sacrifica en pequeñas cuentas para que mañana podamos recoger las recompensas.

Error 5: Ahorrar sin conocer

Esto es lo que conocemos como *fear of missing out* o FOMO, famoso por ser el principal catalizador de compras de bitcoin en tiempos alcistas, compras sin saber donde guardar, como administrar y como *efectivizar* o peor, sin una estrategia. Calma. El mercado siempre dará nuevas oportunidades y esto recién esta empezando.

Error 6: Usar exchanges como principal wallet

Los exchanges son útiles para compra y venta, no están diseñados para hacer hodl de monedas. Además es un error garrafal ceder tu seguridad a un tercero cuando tienes la oportunidad de sostener tu propia autonomía e independencia. Pero supondré que no puedo cambiarte, por tanto, sugiero que si lo haces actives todas las medidas de seguridad que correspondan en ella. A fin del día, mi recomendación es la misma: tus wallets, tus claves, tus reglas.

Error 7: No considerar los impuestos en tu país

No es algo que me guste tocar pero debemos hablar de un crimen que te puede llevar a la cárcel: no pagar impuestos. Especialmente si vives en un país donde la presión tributaria es alta, es recomendable asesorate con un contador y un abogado a fin de detallar (si es necesario) las operaciones que lleves en cuenta, a fin de estar preparado para cualquier obligación fiscal que surja.

Error 8: Esquemas ponzis

Duplicamos tus bitcoins, rendimientos garantizados y mi personal favorito es *gana 1% al día y duplícalo.* Bitcoin es y seguirá siendo el lugar preferido de los estafadores, por lo que es recomendable que mantener el ojo alerta e investigar siempre la reputación de sitios sospechosos. La ruta preferida a mi criterio es directamente a tu wallet pero cada quien hace de sus bitcoin lo que desee.

Error 9: ¿Hay plan?

No iniciar ahorro con bitcoins con objetivos está bien, de hecho, para ahorrar no es necesario que haya un objetivo principal pero sí debe haber un objetivo de salida. O dicho de otro modo, ¿cuando es suficiente? La sensación de incertidumbre, sumado a todas las decisiones que se tomaste ahorrando te pasará factura psicologica y emocional. Debes ponerte un final en el túnel o de lo contrario, las avaricias y otros pensamientos empezarán a llenarte la cabeza.

Error 10: Leer todo lo anterior y hacer caso omiso

¿Necesitas que te diga más?

Resumiendo...

El ahorro tradicional no presenta ventaja alguna, hacerlo con bitcoins sí. Hacer tu plan y evolucionarlo a algo más adaptable, resistente te ayudará a preservar tu dinero. No te hará millonario pero si consciente de que bitcoin es una alternativa viable, rápida y fácil para proteger tu tiempo y dinero.

PARTE III

PARTE III

Análisis de mercado

En el sistema global, bitcoin pasó de ser algo raro que circulaba en foros de intercambio de cartas a ser uno de los instrumentos financieros más codiciados por el mercado. En esta sección vamos a consolidar un breve análisis del comportamiento del precio de bitcoin, pasando por diferentes etapas de adopción. Ahora bien, hacer un análisis de precio no es algo que sea exacto ni consiste en una cuestión milimétrica donde alguien tenga la verdad, es todo lo contrario. Hay diferentes maneras de hacer análisis de precio, donde entran los análisis fundamentales, análisis técnicos y otros cientos.

Nuestro enfoque principal es el ahorro, para tal efecto, no necesitamos de ningún análisis del tipo trading sino más bien, tener en consideración que usamos análisis fundamentales pensando a largo plazo. Como parte del análisis, una revisión histórica de la evolución se vuelve indispensable a fin de entender como bitcoin pasó la *prueba* de legitimación de los mercados financieros tradicionales.

El análisis de precio

Pasamos brevemente a referir el análisis de precio como el estudio y la observación de un valor así como sus fluctuaciones a lo largo del tiempo. Cuando revisamos los mercados tradicionales (S&P500, Dow Jones), vemos que usualmente estos activos tienen una fuerte regulación e intervención gubernamental a fin de proteger el consumidor final. Utilizando diferentes estrategias políticas financieras o monetarias así como judiciales suelen incidir directamente en la modificación y valor de un activo en el tiempo.

¿Y bitcoin? Bitcoin simplemente no puede ser visto como un instrumentos de estos, dado tres variables:

- Descubrimiento de precio: El valor de bitcoin es determinado exclusivamente por las dinámicas de la oferta y demanda en el mercado. Es cierto que existen actores que buscan regularlo pero, al día de hoy, se concentran mucho más en los espacios de intercambio de criptomonedas antes que en la moneda en sí, dado que es desregulada y descentralizada en su naturaleza misma.
- Descentralización: Al no depender de una inyección o retiro de monedas por parte de alguna institución monetaria, pública o privada, bitcoin es altamente volátil dado el ítem señalado arriba. El precio de bitcoin refleja el interés real de los participantes, así como la especulación y su demanda. Como siempre decimos, *no podes esconderte en la blockchain.*
- Sin regulación: Al día de hoy, no existe ningún tipo de regulación global, regional o local que sirva o que tenga verdadero impacto en el funcionamiento de bitcoin. Cada país saca su regulación propia y los organismos de control internacional han intentado dar con la naturaleza de lo *que creen* que es pero sin éxito. La ley *mágica* invocada por los brujos-abogados no tienen validez ante la ley natural de los números por la cual se rige bitcoin.

Evolución del precio

No hay una manera factual o estructurada de analizar el precio, cada persona tiene su modo de hacerlo. Ahora bien, y para lograr nuestro cometido de análisis, dividiremos la etapa en tres partes grandes.

Mercado primitivo (2009-2014)

Cuando Satoshi Nakamoto saca el 3 de enero del 2009 el bloque génesis, bitcoin no tenía una relación monetaria. En el correo de salida, invitaba a todo interesado a minar los bitcoins y experimentar esto. Si bien Sirius emite las primeras compras en valor contrario a USD, fue Lazlo, en mayo del 2010 cuando pidió dos pizzas de pepperoni y los pagó con 10.000 bitcoins, estableciendo de una vez por todas que sus satoshis pueden pagar algo tangible. Aquí no estamos juzgando el valor per se, sino que sea útil. Recordemos que el valor y la capitalización del mercado era bajísimo.

Fue luego en el año 2013 cuando Mt. Gox, otrora uno de los más grandes exchanges en su momento, donde las personas hacían intercambios de bitcoin colapsó por hackeos y fallos en su gestión, lo cual resultó en la pérdida masiva para muchos usuarios, generando la desconfianza absoluta hacia los medios de intercambio. Aún así, en este momento, el mercado aprendió que si bien Mt Gox desapareció, esto no se tradujo en que bitcoin sea de menor valor, al contrario.

Lección aprendida

En esta etapa, el mercado nos enseñó que la seguridad debe primar en nuestros planes estratégicos, adoptando las prácticas para almacenar de manera segura. La caída de un exchange demostró que bitcoin no está sujeto a ningún dueño o actividad jurídica de nadie, por lo que la experiencia de subir o bajar de precio es parte de su naturaleza sin parar en ningún momento de crecer en cuanto a adopción y reconocimiento.

Mercado expansivo (2015-2019)

Bitcoin iba ganando atención a nivel no solamente tecnológico sino también económico. Alrededor de este, empezaron a florecer empresas dedicadas a la minería, al intercambio y primeras empresas que aceptaban bitcoin como método de pago. La tendencia de crecimiento fue sostenida y topó con uno de los eventos más grandes que merece un párrafo aparte en la historia: Blocksize Wars, un conflicto que escaló a debate dentro de la comunidad y como mejorar la escalabilidad de bitcoin.

Insertemos a finales del año 2016 donde hay un debate gigante sobre bitcoin y su capacidad para escalar a proyectos más grandes y como este puede beneficiar al proyecto mismo. Hablamos de épocas donde se venía verificando que las transacciones iban en aumento y necesitábamos algún medio para evitar que los fees se propaguen por el cielo y al mismo tiempo también mantener la descentralización activa.

Opciones de solución

Había dos opciones los cuales se toman partido en la comunidad:

1. **Utilizar layers (Segwit)**: Esta propuesta viene a implementarse con una solución sencilla: en lugar de incrementar, administraremos mejor los bloques agregando capas -layers- para entonces encima de esta también poder seguir construyendo otras opciones.
2. **Incrementar el tamaño del bloque**: Bitcoin en su naturaleza posee un límite en los tamaños de los bloques. Por lo tanto -argumentaban este sector- aumentar el tamaño del bloque es lo más lógico y natural que podemos hacer. Para entender la lógica detrás, recuerden que cada 10 minutos aproximadamente un bloque se transmite a la red. Esta

propuesta fue respaldada con el Acuerdo de Nueva York
(**NYA-Segwit2X**)

Segwit era favorito

El incrementar el tamaño del bloque venía[1] con[2] problemas[3] y para
poder hacer un acuerdo entre ambas partes, los desarrolladores
trabajaron por la propuesta de Testigos Segregados (Segregated
Witness [Segwit]) en el BIP141[4], el cual consiste en administrar
eficientemente los datos insertados en una transacción y de esa
manera reducir el tamaño de la misma haciendo más eficiente el
uso de un bloque. Punto aparte, también permitiría el desarrollo de
lo que hoy conocemos como Lightning Network y en el futuro otros
desarrollos.

Vale la pena destacar lo siguiente: en teoría Segwit viene con
un incremento -mínimo- del tamaño del bloque pero que dentro
del funcionamiento orgánico no deja rastros, dado que el testigo
removido queda en un bloque que, para funcionamiento diario, es
invisible, no cuenta, no suma. Imagínate que tienes un montón
de cajas apiladas donde hay dos cajas llena de cosas que ya no
necesitas. Están ahí pero al mismo tiempo ya no está..

Otra cosa interesante de la solución de Segwit: era un soft fork,
es decir, el usuario -minero, poseedor de nodos, desarrolladores,
exchanges- podía decidir si quiere -o no- utilizar esta solución.
Esto les permitía interactuar con otros nodos que no tenían la
actualización, evitando la partición del protocolo. Obviamente, hoy
moverse sin Segwit es casi un suicidio en cuestiones de fees pero
ponte en la piel de aquella época, no puedes simplemente imponer,

---

[1]https://medium.com/@jimmysong/segwit2x-what-you-need-to-know-about-the-2mb-hard-fork-27749e1544ce

[2]https://medium.com/@jimmysong/uasf-bip148-scenarios-and-game-theory-9530336d953e

[3]https://medium.com/@jimmysong/understanding-segwit-block-size-fd901b87c9d4

[4]https://github.com/bitcoin/bips/blob/master/bip-0141.mediawiki

los desarrolladores dieron la oportunidad que cada uno decida cual es el mejor camino. Además, este protocolo debe activarse mediante el hash power, es decir, cuando haya un consenso de mineros que lo usen, se activará. Siempre se aclara que se mantiene como soft fork.

El bloqueo corporativo

Cuando todo parecía marchar sobre ruedas, una corporación de empresas dedicadas al ecosistema decidieron no cooperar con esto. Estos eran grandes mineros, exchanges y comercios que bloquearon la solución y en una conferencia a puertas cerradas, entre cincuenta empresas decidieron que lo mejor es implementar un hard fork - obligar a todos a actualizarse- con Segwit y luego incrementar el tamaño del bloque. Este acuerdo llegó a conocerse como el New York Agreement. Pueden leer el acuerdo aquí[5] y las especificaciones técnicas de lo que solicitan aquí[6]. La comunidad entera reaccionó al unisono por la falta de cooperación por parte de estas empresas dado que ya se les había explicado que al hacer el hard fork con las solicitudes expresas, pondría en riesgo la red entera.

Levantamiento del bloqueo: llega el UASF

El bloqueo continuó hasta el 25 de febrero del 2017 cuando el user y dev shaolinfry publica en bitcointalk una solución[7] para remover la barrera de bloqueo: el User Activation Soft Fork (UASF por sus siglas), que consistía en una idea muy simple: el UASF activaba flag day o una fecha límite. En lugar de simplemente dejar a los mineros y otras corporaciones hacer lo que se les cante, continuando el innecesario bloqueo, esta propuesta les daba una fecha límite para

---

[5]https://medium.com/@DCGco/bitcoin-scaling-agreement-at-consensus-2017-133521fe9a77

[6]https://github.com/btc1/specifications/blob/master/PCS/PCS-2017-0002-segwit2x.md

[7]https://bitcointalk.org/index.php?topic=1805060.msg17979262#msg17979262

que decidan si desean usar -o no- el protocolo Segwit, es decir la opción de layers. ¿Y qué si no activaban? Pues si resulta que no activaste y no estás dentro del consenso, los usuarios empezarían a rechazar los bloques.

La propuesta de cómo realizarlo y presentarlo llevó a la creación del BIP148[8]. En el cual el flag day fue elegido: el 1 de agosto del año 2017. Si bien la propuesta al principio carecía de grandes corporaciones apoyando dicha propuesta -recuerden que uno de los firmantes del NYA y uno de los principales impulsores del Segwit2X era Bitmain-, con el paso del tiempo pequeños mineros y nodos empezaron a elegir la propuesta de Segwit, teniendo cada vez más fuerza en contra de lo propuesto por el NYA, que iba quedando en el camino.

Intolerante a minorías intolerantes

Este movimiento se conoce como intolerancia de las minorías intransigentes, en la cual Nassim Taleb estipulaba que muchas veces por querer compatibilizar con una minoría intolerante, terminamos por destruir el consenso de la mayoría.

Pero Nelson, los mineros aún así pueden unirse e ir en contra del Segwit. Sí, de hecho esa era la opción de los mineros -*minoría intolerante*- tenían pero a medida avanzaba los días, muy pocos en realidad adoptaron el Segwit2X dado que ello significa sacrificar sus ganancias.

El 1 de agosto, el flag day, los usuarios rápidamente empezaron a definir que protocolo usar y si bien los mineros podían decidir no activar Segwit, ya no lo podían bloquear, por lo que les dejaba en dos caminos: o actualizas o te retiras del juego. Ese día los usuarios (la comunidad) decidieron el protocolo de bitcoin y no una mafia wannabe. Eso sí, al final del día, todos los mineros tuvieron que

---

[8]https://github.com/bitcoin/bips/blob/master/bip-0148.mediawiki

aceptar -pero no activar- Segwit, por lo que esto al día de hoy permite seguir trabajando en soluciones en las capas de bitcoin.

Dato particular

Hay una serie de empresas que no se subieron al barco del Segwit2X ya sea por las razones que sean y voy a destacar tres: Blockstream, Bitfinex y Gemini

¿Y que tiene esto? Muchas veces me preguntan la razón de mi confianza hacia la administración de estas tres empresas, las cuales me dicen que *defiendo sin saberlo*. Es totalmente lo contrario, me gustan estas tres empresas pues TODOS pueden verificar que no fueron parte de este intento de bloqueo, por lo que en ese momento, se ganaron el respeto que se merecen. Punto aparte es que yo tampoco necesito estar de acuerdo en todo lo que hacen cuando puedo verificarlo.

En fin, terminado esto, Bitcoin Cash aparece en el mercado y empieza una competencia que no duró mucho tiempo, dado que este último no demostró tener la resiliencia necesaria, pasando al olvido rápido. En este etapa bitcoin hizo un pico histórico de USD 20.000 aproximadamente, dando una suerte de *alerta* a los inversores minoristas que entraron al mercado, llamando la atención de los medios de comunicación y también poniendo a prueba el interés de la moneda.

Lección aprendida

Bitcoin es un protocolo de escalabilidad dinámica, no está sujeto a caprichos minoritarios, lo cual resalta su capacidad de descentralización. Nuevamente, en este periodo se puso a consideración las experiencias de altibajos, sin perder en ningún momento el crecimiento en cuanto adopción y reconocimiento.

Mercado Institucional (2020-?)

En el año 2020, algo interesante pasó. Una institución, abiertamente, hace una compra de de bitcoins de manera abierta y regulada llamada Microstrategy, con el liderazgo de Michael Saylor, experimentado inversor que hizo parte de su inversión. Este punto de entrada también sirvió a Blackrock, otra empresa de los titanes de Wall Street, como puntapié para comprar bitcoins. La compra masiva permitió ver a bitcoin como algo más que una simple moneda, dandole un valor similar al oro. Blackrock dio su aporte explorando productos financieros basados en bitcoin, incluyendo fondos cotizados en la bolsa (ETFs) y brindó la validación institucional que necesitaba bitcoin para que el resto de empresas también entren en el juego.

Año siguiente, otro evento sacudió el podio. Mediante el liderazgo de Nayib Bukele, El Salvador adoptó bitcoin como moneda de curso legal, convirtiendose en el primer país en abiertamente considerar a bitcoin como una moneda de curso legal y con fuerza cancelatoria.

Este movimiento tiene dos objetivos: el primero movilizar la economía interna de su país a fin de promover el turismo y facilitar el envio de remesas y por el otro lado, Bukele necesitaba una nueva fuente de financiamiento para su país, completamente endeudado hasta aquel entonces. Al momento de escribir, todo indica que la economía así como la percepción de la misma toma una forma positiva.

Lección aprendida

No puedo dar una conclusión a una etapa en desarrollo. Ahora bien, podemos aprender que mediante un movimiento estatal, bitcoin pasó de ser un *activo de especulación* a una moneda de uso diario, estableciendo una característica que lo acompaña en el sistema económico global.

Eficacia en el DCA

Este recorrido breve por la historia de bitcoin nos permitió concluir que su maduración es ciclica y siguiendo los principios de la oferta-demanda, permite a los participantes que se beneficien de las fluctuaciones y podamos *comprar barato*. Al reducir la volatilidad mediante esta estrategia, promediamos el costo y disminuimos el riesgo asociado pero también construimos una reserva en esta moneda, aclarando que no nos hace rico sino que nos expone a mejores normas de dinero.

La volatilidad

Cada vez que hablamos de volatilidad, hablamos del caso de bitcoin. Y eso es por que la mayoría de personas no se animan a empezar por eso, por la volatilidad. Lejos de ser un obstáculo o una dificultad, con bitcoin ocurre lo contrario, la volatilidad es tu amiga, especialmente en nuestra intención de usar el dollar-cost averaging.

Concepto

La volatilidad se refiere a la variación del precio en el tiempo. ¿Más técnico? Se refiere a la desviación estándar del retorno del activo que elegiste, permitiendo cuantificar la magnitud de las fluctuaciones. En los mercados financieros tradicionales, esto es percibido como un riesgo, ya que los cambios que generan no son algo que puedan aguantar.

Bitcoin y la volatilidad

Bitcoin es el activo más volatil en ese sentido, de muchos de los instrumentos financieros (tradicionales) hoy existentes. Sus críticos dicen que esta es la mayor desventaja de tenerlo en tu portfolio y la variación impredecible del precio -dicen los detractores- hacen que no se pueda *planificar* el costo de retorno de tus ahorros (o inversiones). Entonces tenemos dos caras de la misma moneda: por un lado una amenaza de perdida y una oportunidad de acumulación a través de estrategias de ahorro. Esta vuelta, a fin de hacerlo más didáctico, hagamos una reversión del análisis.

Desventajas de la volatilidad

Si bien soy de la escuela que dicta sobre la volatilidad buena, no debemos taparnos los ojos ante lo evidente.

1. Riesgo de pérdidas: Sufrir pérdidas significativas es la principal desventaja. Un inversionista minorista tendría en cuenta las partes negativas de la corrección del mercado, como ocurrió a finales del 2017 y en el año 2021.
2. Incertidumbre: Emocionalmente hablando, es muy desgastante para algún tipo de inversión estar pendiente del comportamiento futuro del precio de cualquier activo. Sin una preparación emocional, vender en un momento de impulso puede generar pérdidas significantes.
3. Incompatibilidad del perfil: No todos los inversionistas tienen el mismo perfil, no todos desean comprar bitcoin. Aquellos que buscan *estabilidad*, pueden encontrar que bitcoin no es atractivo a su portfolio y preferirán otros instrumentos menos *volátiles* para ahorrar como USDC o USDT.

¿Te fijaste en las tres desventajas? Tienen algo en común: es de corto plazo. De hecho, para ahorradores de largo plazo, la volatilidad disminuye considerablemente cuando se tiene la estrategia adecuada.

Oportunidad de ahorrar

La estructura financiera descentralizada de bitcoin, abordado en la Parte I y también en los dos libros anteriores permite operar a los compradores y vendedores de un modo mucho más flexible. Mientras que los bancos centrales extienden su intervención en el mercado mediante la colocación (o retiro) de circulante para poder *alivianar* la presión del mercado, bitcoin es determinado por la oferta y la demanda. Y es aquí donde el análisis de la disminución de la volatilidad inicia.

Primero, con la oferta de 21.000.000 de monedas, la cual no tiene previsto crecer, hace que tengas un calendario de emisión programable. Si consideras lo líquido del mercado en conjunto con lo que falta por minar y a esto le sumamos el mercado que deseamos, tenemos una expectativa justa sin tener ningún tipo de distorsiones. Permite reflejar de manera transparente y auditable el mercado en su máxima expresión. Consideramos también que el DCA, hecho según instrucciones mencionadas más arriba, logra un promedio de adquisición muy bajo, mitigando los picos y caídas abruptas del precio.

La volatilidad permite acumular un activo, siempre y cuando se empleen estrategias viables para una mismo. Al tener una independencia absoluta del sistema financiero tradicional, permite a todos los interesados obtener una oportunidad de comprar barato y aceptar los ciclos del mercado. Al contrario de la media tradicional, la volatilidad no es buena pero tampoco es mala, es una característica del precio que permite participar en la economía global. Ahora bien, ¿Quiénes son los que se alimentan del morbo en general de la volatilidad? Los medios de comunicación, por lo que sería una buena idea hablar sobre ello.

Los medios de comunicación y bitcoin

Bitcoin no nació en una tarima con martillo en Wall Street ni fue incubado en San Francisco por un grupo de inversores de riesgo, fue la obra de lo que Aamir Taaki describiría como una persona que usa Windows, probablemente ingeniero, que no respetaba las reglas criptográficas de la época. Dicho esto, la naturaleza de bitcoin no es naciente en los medios tradicionales y por tanto la percepción pública, los titulares y narrativas han moldeado a bitcoin de un modo u otro.

Los mercados financieros están conectados desde la raíz en los medios de comunicación. Sin ir más lejos la Teoría de Dow, base esencial del análisis fundamental, se ha desarrollado en las editoriales de *Wall Street Journal*. *Financial Times* ha proporcionado contenido constante sobre precios, decisiones y acciones que marcaron el siglo XX de las finanzas. La radio y la televisión cambió la forma de consumir información y de tener algo escrito, ahora teníamos algo más simultaneo, personas que no tenían acceso a los periodicos por ser analfabetos, ahora recibían la misma información que un titán de la industria, es conocido como *reacción en masa*: segmentos de mercados que amplifican o disminuye su precio por la reacción de una noticia.

El siglo XXI trajo una inmediatez mucho más fuerte, donde las redes sociales en general transformaron la forma de consumir información financiera. Al día de hoy, no hay certeza de como estas herramientas cambiaron por que seguimos viéndolo. Los temas marginados por los medios tradicionales, aquí encontraron refugio mediante el nacimiento de nuevos creadores de contenidos que, en base a su conocimiento del mundo *underground* de foros y grupos, construyen noticias relevantes, haciendo que bitcoin crezca a la deriva absoluta de los medios.

En los primeros tiempos, había dos opciones: o era ignorado

directamente o tomado como algo no racional e incluso caricaturesco. Los primeros reportajes se enfocaban en las narrativas del caso de Silk Road, un mercado en línea que operaba en la dark web, fundado por Ross Ulbricht en febrero de 2011. Utilizaba la red Tor para el anonimato y Bitcoin como medio de pago. El sitio se hizo conocido principalmente por la venta de drogas ilegales, aunque también ofrecía otros productos y servicios ilícitos.

Etapas narrativas

Silk Road se convirtió en un símbolo de la libertad en Internet y el comercio sin restricciones, atrayendo la atención de medios, autoridades y propios bitcoiners. El FBI cerró el sitio en octubre de 2013 y arrestó a Ulbricht. Durante su funcionamiento, Silk Road generó ventas por más de 1.2 mil millones de dólares, convirtiéndose en el primer caso emblemático del uso de criptomonedas para actividades ilegales. Entonces, a partir de esto, vamos a construir narrativas.

- Etapa 1: Escepticismo o ignorar directamente (2009-2013): Bitcoin no es digno de cobertura, en esta etapa, los medios lo consideran como algo utópico, poco realista y poco serio. Esta etapa estaba marcada por su vinculación con piratería y actividades ilícitas.
- Etapa 2: Escándalos (2013-2017): Luego de haberlo ignorado o dado en circulos con lo *ilegal*, bitcoin siguió creciendo y así también su presencia mediática, aunque se prefirió darle con el tema de escándalos de los cuales, el más grande fue Mt. Gox en el 2014, colapsado luego de un hackeo masivo y luego a Bitfinex en 2016 donde perdieron una cantidad considerable de bitcoins. En esta etapa, los medios tradicionales reforzaban la idea de que bitcoin era volatil,

peligroso e *inestable*. Cabe destacar también que empieza el FUD por la minería, aludiendo peligros ambientales y demás.

- Etapa 3: Los institucionales (2017-?): Bitcoin siguió creciendo a pesar de la idea *peligrosa* de usar bitcoin. En esta etapa, los medios lo tratan ya como un instrumento financiero no legal hasta que Elon Musk, Michael Saylor y otros inversores a nivel personal empezaron a aceptar bitcoin como una herramienta más dentro de sus finanzas. A partir de este punto, la repercusión mediática igual siguió con la narrativa de la *volatilidad* de bitcoin.

businesswire   Home   Services   News   Education   About Us   Search
A BERKSHIRE HATHAWAY COMPANY

MicroStrategy Adopts Bitcoin as Primary Treasury Reserve Asset

August 11, 2020 06:00 AM Eastern Daylight Time

Contra-narrativas

Mientras los medios seguían moldeando sus noticias, el fenómeno contra-cultural de bitcoin crecía principalmente en Twitter (hoy X) y Reddit, donde teníamos narrativas del tipo:

1. Bitcoin-only: Muchos bitcoiners defienden el uso de la moneda y solo como ella mediante ideas como:
    a. Descentralización como punto focal
    b. Bitcoin como reserva de valor y protección contra la inflación.
    c. Importancia del ahorro a largo plazo o hodl

Algunas plataformas desde donde se promovían estos fenómenos fueron:

1. Reddit: r/bitcoin y r/CryptoCurrency al momento de escribir esto, son los dos centros donde los debates se dan en torno al futuro de bitcoin.
2. Twitter (hoy X): Conocido como CT o crypto-twitter en la cultura popular, se utiliza a la red de micro-blog para educar y promover bitcoin, ayudando a contrarrestar las narrativas negativas.

La narrativa *bitcoin está muerto*

Perdí el número de veces que leí en diferentes medios así como de la boca de diferentes protagonistas del ámbito financiero y económico que *bitcoin está muerto*. Al momento de escribir esto, van 477 veces que a bitcoin lo declararon muerto[9]. Pongamos dos ejemplos de esta narrativa, por un lado, los medios y por otro, los mismos gurúes.

1. En las caídas de 2018 y 2021, los titulares se multiplicaron. El fin de bitcoin.
2. Cuando bitcoin cae de 69.000 a 16.000, sale el famoso blackpaper. Nassim Taleb autor de *El Cisne Negro* y autor del prologo de *El Patrón Bitcoin* de Saifedean Ammous, escribió un ensayo crítico donde aludía que bitcoin no tenía valor intrínseco. Esto tuvo amplia cobertura por los medios tradicionales mientras que los medios de la contra-cultura bitcoiner refutaron los argumentos, señalando deficiencias en su estudio por ser completamente sesgado sin tener en consideración casos de países como Argentina o Venezuela.

---

[9] https://99bitcoins.com/bitcoin-obituaries/

Ten en cuenta esto y como administrar las noticias es vital para tu día a día, a fin de evitar huidas y precipitarte a vender por que si nada más. Esto puede repercutir en tu psicología por lo que a continuación, hablemos de la psicología, brevemente y como tener una mente afilada para que seas un alfa lomo plateado, manos de diamante, brazos de acero, pecho de hierro.

Psicología bitcoiner

Quien quiera hacer ahorros con bitcoin, va a pasar por una montaña rusa de emociones que incluye miedo, horror, persecución paranoia, impulsos....me quedaré corto de todo lo que implica pero bueno...aceptar que es parte del día a día te ayuda a construir tu caracter. Recordemos que la volatilidad es algo inherente a bitcoin y de acuerdo a lo revisado en la historia, podemos ver que los factores en generar miedo más comúnmente hecho son:

- Noticias sensacionalistas
- Noticias de percepción de un influyente
- Regulaciones gubernamentales

La emoción de lo volátil

Sube y baja el precio, bitcoin ocasiona dos tipos de emociones bien especificas. Por un lado la euforia y el FOMO (*fear of missing out*) en tiempos alcistas, donde todos se sienten *presionados* por comprar más bitcoins sin tener en claro o no tener un plan mientras que por el otro lado, cuando son tiempos bajistas, puede llevar a liquidaciones sin sentido, perdidas de posiciones o incluso pérdidas permanentes. Entonces, ¿como lo llevamos?

1. Respetar el plan: Define tus objetivos claramente, según lo vimos en la Parte II. ¿Cuales son tus tiempos? ¿Estás experimentando o estás al 100%? Tener esa meta da una ventaja en periodos de tumultos. Quien tiene un plan, debe seguirlo, respetarlo.

2. Crea un plan: Olvidate de predecir el mercado, mejor establece un calendario diario, semanal, quincenal, mensual o bi-mensual o trimestral para comprar tus bitcoins. En este caso, puedes practicar la automatización de compras en herramientas custodials, será efectivo para combatir.

3. No debe asustarte las pérdidas: Habrá momentos donde estarás -20%, -30% o incluso -50%, por lo que podes verlo de dos formas: estás perdiendo dinero o según tu plan, vas a comprar bitcoin más barato. A fin de cuentas, vimos que bitcoin a la larga, funciona.

4. Elimina widgets de precios: ¿Sos ansioso y tenes el ticker en tu dispositivo? Es como tener tendencia a la auto-eliminación y tener a tu lado una 9mm; deja de observar el precio, no tiene razón de ser, piensa a largo plazo. Si quieres disminuir gradualmente, hazte de horarios para revisar hasta que tu ser entienda que bitcoin sube y baja todo el tiempo.

5. Educación emocional: Ya lo establecimos. **La volatilidad es tu amiga.** Se comporta de acuerdo a los ciclos del mercado, reconoce que las fluctuaciones son normales. Si eres de los que sufren de emociones irregulares, toma papel y boli o una nota en tu celular, anota tus emociones, hazlas reales con palabras. Luego de un tiempo, lee tus emociones y verás como estás construyendo un patrón para que puedas ser mejor persona y ahorrador.

6. Encuentra una comunidad: En La Hora Cripto siempre te daré mis mejores consejos no financieros para motivarte a ser un bitcoiner de primera. Hay foros, grupos de Telegram, sub-reddits, todo lo que te ayude a construir y hacer el aguante correspondiente.

¿Qué hemos aprendido en esta ocasión?

Con calma diría tío Ramon alias Daddy Yankee, es como debemos manejarnos. La naturaleza de bitcoin es ir rompiendo barreras de acuerdo pasa el tiempo. Bitcoin te dará siempre oportunidades, no caigas en eso de *si hubiera comprado hace X años* ni esos mamarrachadas insípidas.

Simplemente, empieza.

En partes anteriores hemos destacado a bitcoin en el escenario nuestro, ¿que pasa si ampliamos el horizonte y vemos el potencial a nivel global? Esta moneda es respuesta directa al exceso de emisión monetaria en muchas economías pero también es un fenomeno que no solamente hablamos en el sector privado, también destacamos como hace la diferencia en el sector público.

El rol inicial que había tomado en 2010 había de cambiar de un grupo de personas que lo usaban para experimentos a convertirse en algo que puedes guardar en tu libro contable a fin de preservar su valor.

Los mercados financieros

Bitcoin gestiona la planificación financiera en tres componentes principales:

1. Volatilidad: En palabras que preceden a esta parte, hemos revisado que la volatilidad es un atractivo para los ahorradores e inversores que buscan rendimientos. Dentro de esto, la naturaleza deflacionaria y limitada de bitcoin propone una alternativa financiera conocida como *oro digital*, capaz de resistir la inflación.

2. La adopción de instituciones financieras: Empresas cotizadas en Wall Street y otros mercados financieros tradicionales han empezado a relacionarse con bitcoin a su modo. Blackrock es quien lidera mediante el uso de los ETFs en bitcoin, mientras bancos como JP Morgan desarrollan paquetes de servicios exclusivos para clientes interesados en bitcoin y otras criptomonedas. Esto se traduce directamente en la legitimación de bitcoin como un activo financiero.

3. Bitcoin u otros activos financieros no comparten similitudes como si lo hace con el oro. Ahora bien, el oro experimentó un crecimiento del 5% en el año 2023 mientras que bitcoin experimentó crecimientos superiores al 50%-80% en el mismo periodo de año.

¿Y que hay más allá de su rol financiero? Su impacto esencialmente lo podemos ver en diferentes partes pero veamos en tres principales:

Sector privado

- Tesla sorprende al mundo cuando anuncia que invertirán y aceptarán bitcoin como parte de pago. Aunque luego disminuyeron su participación y Elon Musk empezó a realizar jugadas de FUD, el movimiento valió a bitcoin la función de activo diversificador de tesorerías.

- Ninguna empresa ha apostado tanto por bitcoin como lo ha hecho Microstrategy. Michael Saylor, referente principal de esta compañía, utiliza DCA a niveles institucionales con ciertas variaciones y ha logrado acumular más de 100.000 bitcons en los últimos tiempos, logrando mejorar su desempeño y retorno de inversión en +100%

Sector civil

Esta parte quiero destacar a un país: Argentina. Mientras que la inflación crecía a más de 100%, los ciudadanos empezaron a utilizar distintas criptomonedas para combatir la inflación. Muchos, recurrieron a bitcoin a fin de poder preservar el valor de su trabajo y realizar transacciones internacionales sin restricciones.

Sector público

- Alemania ha realizado regulaciones estructuradas en el marco de la Unión Europea, que permite a los ciudadanos hacer transacciones y a las empresas, se les permite incluir a bitcoin en sus estrategias de inversión, fortaleciendo la integración de la economía europea.

- El Salvador tomó la posta en el año 2021 cuando se convierte en el primer país en adoptar a bitcoin como una moneda de curso legal. Impulsado por su necesidad de recurrir a alternativas de remesas por los costos altos y por su necesidad de reducir su dependencia del dolar, el gobierno tomó la decisión de promocionar a bitcoin como una moneda que facilita los costos de las transacciones y fomenta la inclusión financiera.

- OpenTimestamps es un proyecto muy interesante que quisiera dejar sentado, a pesar de que no tenga nada que ver con el asunto del libro. Es el primer caso público en el cual utilizamos a nuestra moneda como un sistema de registros inmutables de actas de elecciones. Esto permitió aumentar la transparencia y confianza en Guatemala, país donde los procesos electorales han sufrido irregularidades en el pasado.

¿Y lo descentralizado?

Esta pregunta siempre lo realizan quienes cuestionan la participación del Estado o empresas que desean regular ciertos aspectos del sistema alterno de bitcoin, dado que los gobiernos desde siempre han querido regular, restringir y controlar el comercio...sin éxito alguno. Recordemos que China amplió sus restricciones e hizo que la fuerza minera huyese del país, buscando refugio en otros continentes. Si bien bitcoin recibió impacto en el corto y mediano plazo, a largo plazo, no ha pasado a mayores pero la pregunta permanece ahí: ¿Cómo nos vemos en el futuro con estos nuevos jugadores y sus deseos de ampliar su espectro regulatorio?

La respuesta sigue siendo la misma de hacer años. Bitcoin no se puede integrar al sistema financiero tradicional, pues su naturaleza misma no lo permite. La coexistencia es algo que en este momento, mientras escribo, estamos intentando desarrollar pero de ahí a que sea controlada por un ente mayor, no está en el ojo de la percepción, dado la estructura descentralizada, lo cual nos lleva a la siguiente pregunta: ¿Cómo va bitcoin con los entes institucionales?

Las instituciones y como afectan tu bolsa de bitcoins

En otros tiempos, eramos nosotros acumulando y unos cuantos retailers que hacían de posibles tiburones y algunas ballenas institucionales que buscaban una experiencia con bitcoin. Sin embargo, el tiempo ha demostrado que las oportunidades y estrategias relacionadas, les dió la razón a aquellos que buscan algo más que simplemente ganar dinero, protege su inversión.

Eso sí, se descarta inicialmente que lo tomaran como algo serio, dado que tanto desde la directiva de las empresas hasta los mandos medios-bajos consideraban a bitcoin como algo similar a una moda pasajera para reemplazar a los esquemas actuales. Esto cambia cuando Michael Saylor, en plena pandemia, decide adoptar una postura agresiva en agosto del 2020, hace una compra de 21.524 bitcoins a 11.600 USD por bitcoin por un total de 250 millones de USD.[10] En la misma misiva de prensa, explicaron que bitcoin representa una reserva de valor superior al oro, gracias a la escasez programada y protección contra la inflación. Su jugada ha demostrado ser la correcta, dado las ganancias que hoy ostenta tanto a nivel de bitcoins como de su empresa.

Seguido de ellos, Blackrock buscó *democratizar* el acceso a las empresas mediante los ETFs, permitiendo la exposición a bitcoin sin interactuar con la tecnología per se. Piensalo en comprar acciones sobre lingotes de oro. Esto representa el fomento de nuevas infraestructuras financieras que ofrecen mayor seguridad y transparencia. Esto ha llevado a que grandes fondos de inversión y empresas tecnológicas consideren a bitcoin como una opción viable para diversificar sus carteras. Sin embargo, esta participación institucional también plantea nuevos desafíos en términos de regulación y gobernanza. La cuestión ahora es cómo mantener el equilibrio entre la adopción institucional y la naturaleza descentralizada que define a bitcoin.

¿Y los ahorradores?

La creciente participación institucional redefine el papel de los pequeños ahorradores en el ecosistema. Es cierto que hablamos de plataformas que permiten la participación de empresas pero estas no están abiertas a pequeños comerciantes que históricamente representaron ser la mayoría en el mercado de bitcoin. Por otro lado, los riesgos asociados a la centralización y manipulación de mercado es algo que veremos en los próximos años.

---

[10]https://www.businesswire.com/news/home/20200811005331/en/MicroStrategy-Adopts-Bitcoin-Primary-Treasury-Reserve-Asset

¿Y que podemos hacer?

Insisto: el DCA es tu mejor amiga. Los montos pequeños evitan decisiones impulsivas basadas en fluctuaciones de mercado y reducen los riesgos cortoplacistas. La pregunta persiste: ¿pueden coexistir empresas y ahorradores? Mientras las empresas aporten recursos, no veo lo malo de su participación. Ahora, que quieran volver a revivir los episodio de la Blocksize Wars, queriendo secuestrar bitcoin por simplemente ser *más grandes*...ahí estará la clave en los próximos tiempos. Mientras tanto, lo mejor que puedes hacer es mantenerte informado y disciplinado.

Finalmente, ¿esto es para vos?

¿Es el ahorro de bitcoin adecuado para vos?

Cubrimos todo lo esencial para ahorrar, exploramos de cero a bitcoin como tecnología, sabes como funciona, comporta y tienes una idea hacia donde apuntar. Sin embargo, me toca hacer la de pesimista y decir que esto no es una estrategia para todos, tampoco es una decisión universalmente aceptada. Requiere de una evaluación técnica y que tengas una base sólida de saber donde estas parado. Ahorrar con bitcoins no es ir a tu banco o cooperativa de preferencia a entregar tu dinero y ya. Es un suministro volátil, una herramienta poderosa contra la inflación de altos riesgos.

No generalizo pero quienes usamos bitcoins tenemos ciertas actitudes: interés en la tecnología, tolerancia al riesgo...eso no significa que todos seamos así, aclaro. Muchas personas simplemente lo usan y aprovechan los beneficios sin tener demasiada información. Ahora, estas últimas preguntas pretenden ser una evaluación final sobre si es para vos o no...esto del bitcoin.

1. Estabilidad o crecimiento Bitcoin es volátil (redundancia a esta altura) por lo que su valor fluctua en el corto plazo. Si no te gusta esto, cuentas de ahorro *fiat* u otros instrumentos gubernamentales son cosas que deberías estudiar.

2. Comodidad Sin intermediarios, bitcoin se mueve mediante la ola de la descentralización de sus propios usuarios, eres dueño de la custodia de tu dinero. No hay red de seguridad bancaria ni depósitos de garantía. ¿Estás cómodo con esto?

3. Estrategia Hemos visualizado que, a la larga, bitcoin gana. Eso no significa que sea garantizado y tampoco que puedas mantener la disciplina necesaria para hacerlo, especialmente en momentos volátiles. Si te asustan las velas rojas o las pérdidas, considera que esto no es para tí.

4. Riesgos de seguridad Los errores que más se cometen, son los humanos. Perder las claves, estafas, phishing...¿sabes como protegerte y estás al día con métodos de autenticación correspondiente?

5. Dinero ¿Cuánto estás dispuesto a ahorrar con bitcoins? Sabes que es volátil, es recomendable destinar un porcentaje moderado, ¿o quieres ir con ahorro total? Elige sabiamente.

6. Largo plazo Bitcoin funciona a largo plazo pero también puedes perder a largo plazo. ¿Estás preparado para ello?

7. Fondo de emergencia Antes de considerar a bitcoin como herramienta de ahorro, asegurate de tener un fondo de emergencia accesible para cubrir tres a seis meses de gastos. Independientemente de tu evaluación, debes estar preparado para lo peor.

Recuerda que el ahorro en bitcoin es una ganancia gradual. Si has hecho la tarea, has explorado correspondientemente todas ventajas y riesgos. A partir de esta lectura, ya sabes hacia donde apuntar. **En este punto ya sabes que es tu camino, tu decisión, tu dinero.**

Antes de finalizar

La inmediatez[1], explicado en términos económicos, es un cáncer en nuestra sociedad. Por apurados, terminamos muchas veces sacrificando nuestro bienestar de largo plazo, simplemente por el placer del hoy. Estamos encima del hoy y nos olvidamos horrorosamente del mañana. Estimado lector, hace zoom para afuera.

Mi consejo no financiero si queres irte ya es este: deja de mirar el precio como si fuera la única cosa que importa. Ya está, puedes irte. A los que se quedan, les explicaré el error de seguir esta pauta.

El problema de fondo es que queremos las cosas, ¡ya! y no hablo solamente en términos de finanzas sino de todo. Ves una fila de más de 15 personas y te entra pánico, si queres hablar con un representante y ves que la espera es más de 5 minutos ya te parece una barbaridad y podría seguir con miles de ejemplos de este modo pero ya entendiste el punto. ¿Sabes la razón de que te este pasando esto?

¿Conoces el motivo de que, en un parpadeo, parece que se te ha pasado la vida por encima y al momento de escribir esto, estemos 25% del año ya cumplido y leyendo esto, te entra pánico nuevamente pues ni has iniciado tus proyectos? Eso, mi querido lector, es una condición y pasa por algo muy simple: el tiempo que en función de pasar el tiempo es diferente a vivir el tiempo.

Te explico. Cuando pasas el tiempo (el acto de la inmediatez) y luego un día levanta la cabeza, verás en tu arsenal de logros....un puñado de hazañas buenas para contar en una ronda de asado pero a largo plazo, ¿que has logrado? Han pasado cinco años desde el año 2019,

[1]Publicado en La Hora Cripto https://lahoracripto.substack.com/p/la-hora-cripto-159-zoom-para-afuera

los recuerdos del mundial de Rusia son ahora efímeros y aún así, no das cabida. Tranquilo, este artículo es tu llamado a despertarte.

Zoom out es ese efecto que haces con tu celular cuando queres ver detalles en perspectiva, es ese momento en la vida, que luego de leer esto, vas a respirar profundamente, mirar en la nada misma y verás cinco o diez años como si fuera un horizonte lejano, con tus victorias y derrotas, esos momentos gloriosos, errores garrafales y otros. Y a riesgo de parecer un coach que quiere animarte, todo esto es para decirte que es momento de mirar nuestro dinero.

Cuando miramos en el horizonte, vemos que hace ~7 años, nuestro dinero tenía más valor. Recordamos trabajar menos y ganar más, como que alcanzaba o nos sobraba para ciertas cosas pero hoy ya no alcanza. Como ya lo hablamos en ediciones anteriores, entramos en un laberinto sin fin, en una rueda que no termina de resetearse. Allá por el año 2019, aprendí que necesitaba hacer zoom out y dejar de procastinar por mi dinero, era mucho más que evidente que mi trabajo estaba sangrando, que mi dinero en el paso del tiempo estaba perdiendo valor. No será fácil, te diré.

Mi táctica de cuidar dinero es meramente comprar satoshis, guardarlos para proteger el dinero de la inflación, de esa manera, mi trabajo estará protegido. No hace falta que mires otra parte, te mostraré en un gráfico que tan devaluado está tu trabajo.

Veamos este comparativo contra bitcoin, usando iPhones[2].

- iPhone 5S, 2013, me costaba 504.000.000 satoshis o sea, 5.04 BTC
- iPhone 7, 2016, me costaba 107.000.000 satoshis o sea, 1.07 BTC
- iPhone 11, 2019, me costaba 6.800.000 satoshis, o sea, 0.068 BTC
- iPhone 14, 2022, me costaba 4.200.000 satoshis o sea, 0.042 BTC

---

[2]https://www.coingecko.com/research/publications/the-cost-of-iphone-bitcoin-ether

Sin pánico mi querido lector, ahora ya estás enfocado, el gráfico te mostró que necesitas mirar más un chiqui más alejado en tu vida. Dejar de cavar pozos en una grieta seca y empezar a escalar para ver donde es mejor trabajar. Las distracciones son lindas, memecoins, mercados secundarios, hablar de como el precio hace esto y aquello pero te dejo con esta pregunta: con respecto a tu dinero, ¿estás en buen camino? ¿Estás emocionado como yo hacia donde vas? ¿Sabes donde vas?

Si aún no lo sabes, mi consejo no financiero: compra bitcoins, empieza a hacer zoom para afuera y verás como tu vida cambia. **Me funcionó, quizás te funcione a tí...o no.**

Glosario

1. **Bitcoin (BTC)**: Moneda digital descentralizada que permite transacciones globales, sin intermediarios, ideal para proteger ahorros a largo plazo.
2. **Blockchain**: Tecnología que almacena todas las transacciones de Bitcoin en un libro público, inmutable y accesible, garantizando seguridad y transparencia.
3. **Dollar-Cost Averaging (DCA)**: Estrategia de inversión donde se compra una cantidad fija de Bitcoin de manera regular, reduciendo el impacto de la volatilidad.
4. **Volatilidad**: Medida de las variaciones en el precio de Bitcoin, que puede subir o bajar rápidamente, lo que hace importante usar DCA para suavizar el riesgo.
5. **Reserva de Valor**: Bitcoin es visto como "oro digital" por su potencial de mantener y aumentar su valor a largo plazo, siendo una alternativa al dinero fiat.
6. **Inflación**: Aumento constante de precios que reduce el poder adquisitivo de las monedas tradicionales; Bitcoin ofrece protección debido a su oferta limitada.
7. **Oferta Limitada de Bitcoin**: Solo existirán 21 millones de bitcoins, lo que hace que su escasez incremente el valor a medida que más personas lo adopten.
8. **Billetera Digital**: Software o dispositivo físico (hardware wallet) donde se guardan las claves privadas para acceder y gestionar tus bitcoins.
9. **Seguridad Cibernética**: Prácticas como usar contraseñas fuertes y autenticación de dos factores para proteger los bitcoins de hackers y ataques en línea.

10. **Claves Privadas y Públicas:** La clave privada permite gastar tus bitcoins; la pública, compartir tu dirección para recibir pagos. Ejemplo: clave privada es como una contraseña.

11. **Minería de Bitcoin:** Verificación de transacciones y creación de nuevos bitcoins mediante la resolución de problemas matemáticos, asegurando la red.

12. **Halving:** Evento que ocurre cada 4 años, reduciendo las recompensas de los mineros a la mitad, lo que limita la oferta y puede afectar el precio.

13. **Comisiones de Transacción:** Pagos a los mineros por procesar una transacción en la red de Bitcoin; varían según la congestión de la red y la urgencia.

14. **Diversificación:** Estrategia de distribuir la inversión en diferentes activos para reducir riesgos, útil para quienes no quieren apostar solo por Bitcoin.

15. **Liquidez:** Capacidad de convertir Bitcoin en efectivo rápidamente, esencial para quienes pueden necesitar convertir su ahorro a dinero fiat.

16. **Análisis Fundamental:** Evaluación de factores como adopción, regulación y tecnología para entender el potencial a largo plazo de Bitcoin como inversión.

17. **Educación Financiera:** Entender cómo gestionar inversiones, controlar el riesgo y evaluar oportunidades, clave antes de invertir en Bitcoin.

18. **Hodl:** Término de la comunidad de criptomonedas que significa mantener Bitcoin a largo plazo, confiando en su apreciación futura pese a la volatilidad.

19. **Psicología del Inversor:** Mantener la calma y evitar decisiones impulsivas durante caídas de precios es esencial para quienes invierten en Bitcoin con DCA.

20. **Adopción Masiva:** A medida que más personas, empresas y gobiernos aceptan Bitcoin, su valor y estabilidad a largo plazo pueden incrementarse.

21. **Criptomonedas vs. Moneda Fiat**: Bitcoin es digital y descentralizado, mientras que las monedas fiat son controladas por bancos centrales y gobiernos.

22. **Transacciones Internacionales**: Bitcoin permite enviar dinero globalmente de forma rápida y con menores costos que bancos tradicionales, útil para remesas.

23. **Implicaciones Fiscales**: Algunas jurisdicciones imponen impuestos sobre las ganancias generadas con Bitcoin; importante conocer las regulaciones locales.

24. **Regulaciones Gubernamentales**: Las leyes que regulan el uso de Bitcoin varían por país, afectando su legalidad, adopción y facilidad de uso.

25. **Ciclos de Mercado**: Bitcoin atraviesa periodos de crecimiento (bull market) y caídas (bear market), lo que influye en cuándo entrar y salir del mercado.

26. **Protección contra la Devaluación**: Bitcoin puede preservar el valor de los ahorros ante la pérdida de poder adquisitivo de monedas locales devaluadas.

27. **Transparencia de la Red**: Todas las transacciones de Bitcoin son visibles en su blockchain, lo que garantiza una trazabilidad accesible para todos.

28. **Costos de Oportunidad**: Evaluar si invertir en Bitcoin es más beneficioso que usar esos fondos en otras oportunidades de inversión como bienes raíces.

29. **Interés Compuesto**: Reinvertir las ganancias generadas por el incremento del valor de Bitcoin puede aumentar el rendimiento total de la inversión a largo plazo.

30. **Autocustodia**: Guardar tus claves privadas en una billetera personal en lugar de dejarlas en un exchange, manteniendo control total sobre tus bitcoins.

31. **Capitalización de Mercado**: Valor total de Bitcoin en circulación, calculado multiplicando el precio actual por la cantidad total de bitcoins disponibles.

32. **Custodia de Activos:** Práctica de mantener el control de tus bitcoins, ya sea mediante un exchange o, preferiblemente, mediante una billetera personal.

33. **Activos Refugio:** Bitcoin es considerado un activo refugio digital, similar al oro, utilizado para proteger el valor durante incertidumbres económicas.

34. **Riesgo de Mercado:** Probabilidad de que las fluctuaciones en el precio de Bitcoin afecten el valor de una inversión, relevante para quienes ahorran a largo plazo.

35. **Riesgo Sistémico:** Riesgo de que una falla en el sistema financiero tradicional impulse a más personas a buscar alternativas como Bitcoin para proteger sus ahorros.

36. **Portafolio de Inversiones:** Conjunto de activos donde se invierte dinero, incluyendo Bitcoin como una opción de diversificación para mejorar el rendimiento del portafolio.

37. **Liquidez de Activos:** Bitcoin es considerado un activo altamente líquido, ya que puede comprarse o venderse fácilmente en mercados globales.

38. **Apreciación de Activos:** Potencial de Bitcoin para aumentar de valor con el tiempo, haciendo que los ahorros en Bitcoin valgan más en el futuro.

39. **Ciclo Económico:** Fases de crecimiento y recesión en la economía que pueden influir en el comportamiento del precio de Bitcoin y su uso como ahorro.

40. **Intereses Compuestos en Ahorro:** Reinvertir las ganancias de la apreciación de Bitcoin para aumentar el capital ahorrado y maximizar el rendimiento.

41. **Desintermediación:** Eliminación de intermediarios en transacciones financieras gracias a Bitcoin, lo cual puede reducir costos para el ahorrador.

42. **Oferta y Demanda:** La relación entre la cantidad de Bitcoin disponible y el interés de los compradores, que influye directamente en su precio.

43. **FOMO (Fear of Missing Out):** Temor a perder una oportunidad de inversión en Bitcoin cuando su precio sube, lo que puede llevar a decisiones impulsivas.

44. **Diversificación de Riesgo:** Incluir Bitcoin junto a otros activos en una estrategia de ahorro para reducir el impacto de pérdidas en un solo tipo de inversión.

45. **Consumo vs. Inversión:** Decisión de destinar fondos al ahorro en Bitcoin en lugar de gastarlos en consumo, buscando un crecimiento futuro del capital.

46. **Bajo Interés Bancario:** En entornos de tasas de interés bancarias bajas, Bitcoin puede ser atractivo para quienes buscan un rendimiento superior a través del ahorro.

47. **Activos Alternativos:** Bitcoin se clasifica como un activo alternativo, diferente de acciones y bonos, y puede ser útil para diversificar una cartera de inversión.

48. **Aversión al Riesgo:** Tendencia a evitar inversiones riesgosas; el DCA en Bitcoin puede ser una forma de mitigar la exposición al riesgo para inversores conservadores.

49. **Capacidad de Ahorro:** Evaluar cuánto se puede destinar a la compra periódica de Bitcoin sin afectar las necesidades diarias es clave para una estrategia DCA.

50. **Riesgo de Contraparte:** En el contexto de Bitcoin, se refiere al riesgo de confiar en exchanges u otros intermediarios para la compra o almacenamiento, y la importancia de la autocustodia.

www.ingramcontent.com/pod-product-compliance
Lightning Source LLC
Chambersburg PA
CBHW052333220526
45472CB00001B/397